Les intérêts de la justice

BIBLIOTHÈQUES DE DROIT

COLLECTION FONDÉE ET DIRIGÉE PAR JEAN-PAUL CÉRÉ

Cette collection a pour vocation d'assurer la diffusion d'ouvrages scientifiques sur des thèmes d'actualité ou sur des sujets peu explorés dans le domaine des sciences juridiques. Elle se destine notamment à la publication de travaux de jeunes chercheurs.

Dernières parutions :

Nathalie FOURNIER DE CROUY, *Pour une justice réparatrice. Repenser la fonction de juger à l'aune de la médiation*, 2025.

M. GIACOPELLI et J.-P. CÉRÉ (dir.), *Le rôle de l'assesseur citoyen devant la commission de discipline en prison*, 2024.

G. DELI, *Juste vivre. Vers une théorie juridique éthique*, 2023.

E. GINDRE (dir.), *La dignité des personnes détenues dans les prisons des Outre-Mer*, 2023.

M. Dos Santos, *La gravité en droit international pénal. Une notion insaisissable et instrumentalisée*, 2023.

C. MÉNABÉ et J. LEONHARD (dir.), *Réinsérer les femmes et les mineurs face au soupçon de danger terroriste.*

P. KEUBOU, *La procédure pénale au Cameroun.*

C. MENABE et J. LEONHARD (dir.), *Femmes, mineurs et terrorisme.*

J. FALXA (dir.), *Coopération judiciaire internationale en matière pénale. France, Brésil, Suriname*

N. JOUENNE-PEYRAT, *L'encadrement pénal de la prostitution des mineurs.*

J-P. CERE, *Droit disciplinaire pénitentiaire, 2e édition*, 2020.

A. CHARRUAU, *L'avenir du juge unique.*

M. MANET, *Le devenir juridique de la dignité. Une étude de la Charte africaine des droits de l'homme et des peuples.*

M. GALIMMARD, *L'incrimination de la zoophilie.*

M. PELTIER-HENRY, *Le droit pénal à l'épreuve des neurosciences.*

T. TOUZEAU, *Recel et blanchiment. Nouvelles sources de cumul de qualifications.*

H. CAPPADORO, *Les sens de la peine.*

Evelyne Bonis et Barbara Drevet

Les intérêts de la justice

L'Harmattan

5-7, rue de l'École Polytechnique - 75005 Paris
www.editions-harmattan.fr
ISBN : 978-2-336-53874-7
EAN : 9782336538747

PROPOS INTRODUCTIFS

EVELYNE BONIS ET BARBARA DREVET
Professeur à l'Université de Bordeaux
Maître de conférences à l'Université Clermont Auvergne

1. À une heure où le droit et la justice sont largement malmenés, tant au niveau national qu'international, l'étude des intérêts de la justice pourrait permettre de renouveler la compréhension et, peut-être, l'application de l'un comme de l'autre. La tâche est ardue, tant la notion d'intérêts de la justice apparaît comme vaste, floue voire énigmatique.

2. Le procureur dans le Statut de Rome. Un tel projet trouve sa genèse non pas en droit national mais en droit international, plus précisément en droit pénal international. En effet, l'expression « intérêts de la justice » apparaît expressément dans plusieurs dispositions du Statut de Rome de la Cour pénale internationale. Elle apparaît d'une part à l'article 53 du Statut, relatif à « l'ouverture d'une enquête », lequel indique que, pour décider d'ouvrir une enquête, ou plutôt de ne pas ouvrir d'enquête, le procureur examine notamment « *s'il y a des raisons sérieuses de penser, compte tenu de la gravité du crime et des intérêts des victimes, qu'une enquête ne servirait pas les intérêts de la justice* »[1]. De la même manière, après l'enquête cette fois, le procureur peut conclure qu'il n'y a pas de base suffisante pour engager des poursuites, notamment parce qu'engager des poursuites « *ne servirait pas les intérêts de la justice* »[2]. Les intérêts de la justice, non définis par le Statut, ont fait l'objet d'un *Policy paper* par le bureau du

---

[1] Statut de Rome, art. 53 para. 1 c).
[2] Statut de Rome, art. 53 para. 2 c).

Procureur de la Cour pénale internationale afin d'exposer la façon dont le bureau comprend l'expression[3]. S'il ne la définit pas non plus, le document insiste tout de même sur le caractère exceptionnel du pouvoir discrétionnaire du Procureur fondé sur les intérêts de la justice[4], lequel lui permet ainsi de ne pas enquêter ou poursuivre, alors même qu'existerait une base raisonnable pour croire qu'un crime relevant de la compétence de la Cour a été commis[5] ou que l'affaire serait recevable[6].

3. Les droits de la personne et de l'accusé dans le Statut de Rome. D'autre part, l'expression « intérêts de la justice » est employée par les articles 55 sur les droits de la personne pendant l'enquête et 67 sur les droits de l'accusé. Plus précisément, les deux articles prévoient que l'accusé, au sens large, peut s'il n'a pas d'avocat, se voir attribuer un défenseur commis d'office « *chaque fois que les intérêts de la justice l'exigent* ». Cela renverrait ainsi aux exigences du procès équitable, qui ne sont pas sans rappeler celles de l'article 6 de la Convention européenne des droits de l'Homme[7] ou du Pacte international des droits civils et politiques[8].

---

[3] Bureau du Procureur, *Policy paper on the interests of justice*, ICC-OTP-2007, sept. 2007 (https://www.icc-cpi.int/sites/default/files/NR/rdonlyres/772C95C9-F54D-4321-BF09-73422BB23528/143640/ICCOTPInterestsOfJustice.pdf).

[4] *Policy paper* p.1.

[5] Statut de Rome, art. 53 para. 1 a).

[6] Statut de Rome, art. 53 para. 1 b).

[7] Art. 6 para. 3 c): « Tout accusé a droit notamment à se défendre lui-même ou avoir l'assistance d'un défenseur de son choix et, s'il n'a pas les moyens de rémunérer un défenseur, pouvoir être assisté gratuitement par un avocat d'office, **lorsque les intérêts de la justice l'exigent** ».

[8] Art. 14 para. 3 d) : « être présente au procès et à se défendre elle-même ou à avoir l'assistance d'un défenseur de son choix ; si elle n'a pas de défenseur, à être informée de son droit d'en avoir un, et, chaque fois que

4. En droit pénal international, deux versants des intérêts de la justice émergent, l'un procédant de l'opportunité, pour le procureur de la Cour pénale internationale, d'enquêter ou de poursuivre et l'autre renvoyant aux droits de la défense et, plus largement, au droit à un procès équitable.

5. Le procureur de la République en droit interne. Les textes de droit pénal international, spécialement l'article 53 du statut de Rome consacré à l'ouverture de l'enquête par le procureur, font évidemment écho en droit interne. La faculté laissée au procureur d'examiner les renseignements portés à sa connaissance pour l'ouverture de l'enquête puis pour l'engagement des poursuites n'est pas sans rappeler le principe de l'opportunité des poursuites qui régit la procédure pénale française. Pourtant, la rédaction de l'article 40-1 du Code de procédure pénale consacrant ce principe est assez différente. Bien moins précis, il se borne à faire état d'une appréciation des faits et de leur possible qualification pénale sans fournir le moindre critère à prendre en compte pour classer l'affaire ou engager les poursuites[9]. Il est classiquement enseigné que ce

---

l'intérêt de la justice l'exige, à se voir attribuer d'office un défenseur, sans frais, si elle n'a pas les moyens de le rémunérer ». Notons ici l'emploi du singulier.

[9] Selon cet article : « Lorsqu'il estime que les faits qui ont été portés à sa connaissance en application des dispositions de l'article 40 constituent une infraction commise par une personne dont l'identité et le domicile sont connus et pour laquelle aucune disposition légale ne fait obstacle à la mise en mouvement de l'action publique, le procureur de la République territorialement compétent décide s'il est opportun : 1° Soit d'engager des poursuites ; 2° Soit de mettre en œuvre une procédure alternative aux poursuites en application des dispositions des articles 41-1,41-1-2 ou 41-2 ; 3° Soit de classer sans suite la procédure dès lors que les circonstances particulières liées à la commission des faits le justifient ».

système de l'opportunité des poursuites a l'avantage de laisser une grande latitude au procureur de la République qui doit se déterminer en fonction de paramètres tirés de la politique pénale[10]. Les intérêts de la justice ne sont donc pas clairement évoqués. Mais comment interpréter cette absence de référence aux intérêts de la justice ? Faut-il en déduire qu'en droit interne, les intérêts de la justice sont indifférents à l'appréciation de l'opportunité des poursuites ? Au-delà de cette question, les mots « intérêts de la justice » ont-ils leur place dans le procès pénal et même plus largement, dans la mise en œuvre de la justice en droit interne ?

6. Les intérêts de la justice dans le Code de procédure pénale. Une recherche des occurrences sur la base Légifrance dans le Code de procédure pénale permet de relever que, dans la partie législative du code, ces mots n'apparaissent pas. Le seul article qui utilise ces mots est l'article D. 5 qui, au sujet des officiers de police judiciaire dispose : « *Lorsqu'ils participent à une même enquête, les officiers ou agents de police judiciaire de la police nationale et de la gendarmerie nationale collaborent constamment dans l'intérêt de la justice. Ils mettent en commun leur compétence, leurs aptitudes et les moyens complémentaires dont ils disposent* ». Hormis cet article, l'expression « intérêt de la justice », qu'elle soit d'ailleurs employée au singulier ou au pluriel, est absente des textes. Ce silence ne semble pas être une spécificité du procès pénal. A l'heure où l'on aborde souvent les règles procédurales à l'aune des droits fondamentaux et de la théorie générale du procès, on remarquera que le même constat d'absence peut être fait dans les autres

[10] S. Buisson et J. Guinchard, Procédure pénale, Lexisnexis, 17ème éd., 2024, n°1665.

contentieux[11]. Il n'y a guère que le contentieux disciplinaire qui fait une place à l'expression en prévoyant, en des termes similaires, dans le code du travail[12] et dans le code de commerce[13] : « *L'audience de la Commission nationale de discipline est publique. Toutefois, si la protection de l'ordre public ou de la vie privée l'exige ou qu'il existe des circonstances spéciales de nature à porter atteinte aux intérêts de la justice, l'accès à la salle d'audience peut être interdit pendant la totalité ou une partie de l'audience, au besoin d'office, par le président* ».

7. Les intérêts de la justice et les principes fondamentaux du procès pénal. Pourtant, malgré ces similitudes avec les autres contentieux, le silence en procédure pénale peut sembler étonnant. En effet, de multiples situations ou réformes récentes peuvent faire penser à une prise en considération des intérêts de la justice pour expliquer certaines règles techniques. Ainsi, l'introduction de l'interprète au sein du prétoire pénal ne peut-elle pas s'impliquer par les intérêts de la justice à savoir l'intérêt pour le magistrat de pouvoir échanger avec l'accusé ou le prévenu dans une langue comprise par ce dernier pour pouvoir parfaire l'information à l'audience ? De la même manière, n'est-il pas aussi de l'intérêt de la justice de permettre à l'accusé ou au prévenu d'échanger avec son avocat dans une langue commune au besoin en faisant appel à un interprète pour s'assurer que les droits de la défense sont convenablement respectés ? Plus récemment dans un autre champ, à la suite d'une déclaration de non-conformité à la Constitution de l'article

---

[11] Aucune occurrence dans le Code de procédure civile, dans le code de l'organisation judiciaire ou encore dans le code de la justice administrative.

[12] C. trav., art. R 1442-22-14.

[13] C. commerce, art. R. 724-17.

706-112 du Code de procédure pénale[14], on se souvient que le législateur est venu, au sujet des majeurs sous un régime civil de protection placés en garde à vue, prévoir que le tuteur, le curateur ou le mandataire spécial pourrait désigner un avocat ou demander la désignation d'un avocat pour assister le majeur protégé[15]. N'est-ce pas là encore implicitement les intérêts de la justice qui justifient une telle solution ? Le texte ne distingue en effet pas selon les raisons pour lesquelles la personne placée en garde à vue n'est pas assistée d'un avocat. Rien n'interdit donc de penser que la cause peut résider dans le refus de l'assistance si bien qu'un avocat peut lui être imposé dans son intérêt certes mais aussi dans l'intérêt de la justice.

8. À défaut d'être ainsi explicitement consacrée par les textes, la prise en compte des intérêts de la justice semble sous-tendre un certain nombre de principes fondamentaux du procès pénal. La chambre criminelle de la Cour de cassation s'y réfère parfois au sujet de principes comme la publicité ou le droit à l'assistance d'un avocat[16]. La Cour européenne des droits de l'homme bien davantage encore ce qui se comprend aisément puisque la Convention de

---

[14] C. constit. 14 sept. 2018, déc. n°2018-730 QPC.

[15] C. pr. pén., art. 706-112-1.

[16] Cass. crim. 8 janv. 2013, n° 12-86.876 (rendu au visa de l'art. 6 § 3 Conv. EDH au sujet du droit pour un accusé à bénéficier de l'assistance d'un défenseur de son choix et, s'il n'a pas les moyens de rémunérer un défenseur, de pouvoir être assisté gratuitement par un avocat d'office) ; Cass. crim. 26 sept. 2015, n° 95-83.071. Plus souvent, les intérêts de la justice sont invoqués à l'appui des moyens des demandeurs au pourvoi sans être repris par la Cour de cassation elle-même dans les motifs des décisions : Cass. crim. 25 sept. 2012, n°10-82.938 (au sujet de la publicité) ; Cass. crim. 13 juin 2012, n° 10-82.420, 11-81.573 (au sujet du droit à bénéficier de l'assistance gratuite d'un avocat commis d'office) ; Cass. crim. 31 mai 2011, n°10-88.809 ; Cass. crim. 1er fév. 2011, n) 10-83.523 ; Cass. crim. 16 fév. 2005, n° 03-82.504, 03-82.505, 04-87.055 (au sujet de la publicité).

sauvegarde des droits de l'homme et des libertés fondamentales, à la différence des textes internes, consacre explicitement l'expression. A propos de la publicité des débats, l'article 6§ 1 dispose *in fine* : « *Le jugement doit être rendu publiquement, mais l'accès de la salle d'audience peut être interdit à la presse et au public pendant la totalité ou une partie du procès dans l'intérêt de la moralité, de l'ordre public ou de la sécurité nationale dans une société démocratique, lorsque les intérêts des mineurs ou la protection de la vie privée des parties au procès l'exigent, ou dans la mesure jugée strictement nécessaire par le tribunal, lorsque dans des circonstances spéciales la publicité serait de nature à porter atteinte aux intérêts de la justice* ». Au sujet des droits de la défense, l'article 6§ 3 c) énonce : « *Tout accusé a droit notamment à se défendre lui-même ou avoir l'assistance d'un défenseur de son choix et, s'il n'a pas les moyens de rémunérer un défenseur, pouvoir être assisté gratuitement par un avocat d'office, lorsque les intérêts de la justice l'exigent* ».

9. Intérêts de la justice au-delà des seules exigences du procès équitable. Dans la plupart de ces hypothèses, l'expression renvoie au procès équitable et à ses composantes plus qu'à la question de savoir si les intérêts de la justice sont un critère de l'opportunité d'enquêter, de poursuivre voire de juger une personne. Cependant, le fait que les mots ne soient pas employés, signifie-t-il que l'idée même d'intérêts de la justice n'est pas présente en procédure pénale ? Peut-être l'est-elle sous une autre expression ? On pourrait penser à la notion de bonne administration de la justice. A défaut, ne faudrait-il l'y consacrer ?

10. C'est à cette question que la journée se propose de répondre avec d'emblée deux hypothèques qui méritent d'être vérifiées. D'une part, à une époque contemporaine où toute personne qui s'intéresse à la justice sait l'importance des considérations de rationalisation, des logiques managériales, il serait assez étonnant que le législateur ne prenne pas en considération des intérêts de la justice entendue comme institution, comme service public[17]. D'autre part, et là aussi à une époque où la justice pénale est décriée en ce qu'elle ne prendrait pas assez en considération l'écoute de la victime, le législateur ne devrait-il pas inscrire dans le code cette expression d'intérêts de la justice entendue cette fois-ci comme ce qui est idéalement juste, conforme à l'équité[18]. Le développement de nouveaux procédés en marge du procès pénal *stricto sensu* comme la procédure d'irresponsabilité pénale pour cause de trouble mental[19], la justice restaurative[20] ou, plus récemment, le développement des enquêtes préliminaires sur faits susceptibles d'être prescrits[21] ne sont-ils pas des illustrations de cette prise en consécration des intérêts de la justice au-delà des seuls intérêts de la victime ?

11. Certes, le Code de procédure pénale a été écrit pour garantir les droits des accusés avec, au premier rang des principes, le principe de la présomption d'innocence. Toutefois, à force de prendre en compte aussi les intérêts des victimes, de leur consacrer des droits et cela dès l'article préliminaire du code, n'est-on pas en train de bousculer les équilibres du code ? Après avoir envisagé les intérêts de l'accusé puis les intérêts de la victime, ne faut-il pas repenser, dans son ensemble, le système de la justice pénale

---

[17] G. Cornu, Vocabulaire juridique, V° Justice, sens n° 3.

[18] *Ibid*, sens n°1.

[19] C. pr. pén., art.706-119 et s.

[20] C. pr. pén., art. 10-1.

[21] Dépêche du Garde des sceaux du 26 février 2021 relative au traitement des infractions sexuelles susceptibles d'être prescrites : CRIM-BOAP N°2021-0023-C10.

et raisonner en termes d'intérêts de la justice, lesquels dépasseraient les intérêts particuliers, souvent divergents pour former un groupe d'intérêts distincts toutefois de l'intérêt général ?

12. Annonce du plan. Pour répondre à ces questions et sans plus attendre, nous allons donc céder la place aux intervenants qui vont successivement préciser la notion d'intérêt de la justice avant que voir dans quelle mesure la poursuite et le jugement se font selon les intérêts de la justice.

PREMIÈRE PARTIE

LA NOTION D'INTÉRÊTS DE LA JUSTICE

L'APPROCHE DE DROIT PÉNAL INTERNATIONAL

Amane Gogorza
Professeur à l'Université Toulouse Capitole, en détachement judiciaire

1. Pour énigmatique qu'elle soit, la notion des intérêts de la justice n'est pas totalement étrangère à celui qui s'intéresse au procès pénal. On y fait volontiers allusion pour exprimer l'idée d'une bonne justice et, pour ainsi dire, donner une pleine légitimité à une règle ou solution que l'on viendrait imposer de *lege ferenda*. La référence aux intérêts de la justice donne ainsi un horizon d'équité et de légitimité à une prescription dont on ne discutera même plus du bien-fondé et qui s'imposera au nom d'un intérêt supérieur ou transcendant.

2. Une des particularités du droit pénal international est d'avoir consacré la notion des intérêts de la justice dans ses sources et textes de référence. Alors que notre Code de procédure pénale ne la mentionne qu'une seule fois[22], les statuts des juridictions pénales internationales ou les règlements de procédure et de preuve y afférents s'appuient volontiers sur l'expression, et ce, dès la seconde guerre mondiale. Ainsi, le Statut du Tribunal militaire international de Nuremberg convoque les intérêts de la justice pour justifier la tenue d'un procès *in absentia*[23], pour autoriser la traduction des comptes rendus des débats dans des langues

---

[22] Art. D. 5 CPP, relatif à la collaboration de la police et de la gendarmerie.
[23] Art. 13.

autres que celle du Tribunal[24] ou pour justifier la reprise des poursuites en cas de découverte de charges nouvelles[25]. Semblablement, la notion apparaît dans les statuts des tribunaux pénaux internationaux pour l'ex-Yougoslavie et le Rwanda afin que l'accusé puisse se voir imposer un avocat chaque fois que les intérêts de la justice l'exigent[26] ou qu'il bénéficie d'une grâce ou d'une commutation de peines accordée au plan national[27]. Le statut du Tribunal spécial pour le Liban y fait également référence, qu'il s'agisse d'imposer un avocat à l'accusé, de changer l'ordre d'interrogatoire des témoins, de définir les modalités de recueil de leur déposition ou encore de désigner des juges suppléants[28].

3. Dans l'ensemble de ces situations, la notion des intérêts de la justice réalise un lien assez immédiat avec celle de procès équitable ou de bonne administration de la justice. Ainsi formulée, elle constitue donc un standard à même de moduler le droit ou de fixer un cadre décisionnel suffisamment souple pour que la justice se conforme à l'idéal qui la sous-tend, qu'elle paraisse juste et qu'elle soit acceptée[29]. C'est d'ailleurs pour cette raison que les précédentes références ont été reprises et élargies par le statut et le règlement de procédure et de preuve de la Cour pénale internationale[30].

---

[24] Art. 25.

[25] Art. 29.

[26] Art. 20 TPIR et 21 du TPIY.

[27] Art. 27 TPIR et 28 du TPIY.

[28] Respectivement, Art. 22, Art. 20, Art. 8 Statut du Tribunal spécial pour le Liban.

[29] En ce sens, expliquant que la notions des intérêts de la justice permet de concrétiser l'idéal de justice.

[30] Notamment, v. art. 67 SdR permettant d'imposer un avocat à l'accusé ; Art. 69 SdR prévoyant des accords sur le caractère non contestable des preuves. De son côté, le Règlement de procédure et de

4. Parce qu'ils se confondent alors avec d'autres notions, les intérêts de la justice n'ont pas réellement fait l'objet d'études particulières. On pourrait certes se demander pourquoi ils apparaissent tantôt au singulier, tantôt au pluriel. Ces différences sémantiques ne semblent cependant pas significatives sur le plan du droit, de sorte qu'il n'y a pas lieu de s'y arrêter. Pour autant, le statut de Rome a donné à la notion des intérêts de la justice une dimension et des potentialités qu'on ne lui connaissait pas auparavant. Il faut pour le comprendre s'en remettre à l'article 53 du SdR, lequel autorise à faire obstacle à l'ouverture d'une enquête ou à l'engagement des poursuites devant la juridiction pénale internationale lorsque ladite enquête ou poursuite ne servirait pas les intérêts de la justice. Plus précisément, l'article 53, 1 c permet au Procureur de ne pas ouvrir une enquête « *s'il y a des raisons sérieuses de penser, compte tenu de la gravité du crime et des intérêts des victimes, qu'une enquête ne servirait pas les intérêts de la justice* », tandis que de manière tout à fait comparable, quoique plus complète, l'article 53, 2, c donne droit au Procureur de ne pas engager de poursuites si cela « *ne servirait pas les intérêts de la justice, compte tenu de toutes les circonstances, y compris la gravité du crime, les intérêts des victimes, l'âge ou le handicap de l'auteur présumé et son rôle dans le crime allégué* ». On comprend donc que de manière tout à fait paradoxale et contre-intuitive, la norme internationale envisage l'hypothèse où rendre justice contreviendrait aux intérêts de la justice.

---

preuve y fait référence pour déterminer si un témoignage préalablement enregistré peut-être produit devant la chambre de première instance (RPP, règle 68,2, b, i), fixer le lieu de déroulement du procès (règle 100) ou dispenser de comparution au procès en raison de fonctions publiques extraordinaires (règle 134 *quater*).

5. S'éloignant de considérations propres au procès équitable ou à l'idée d'une bonne administration de la justice, les intérêts de la justice touchent ici à un contenu beaucoup plus fondamental, permettant de questionner, dans une approche de politique globale, les objectifs du système pénal international. Or, sur ce point, les interrogations demeurent nombreuses, à tel point que personne ne semble réellement en mesure de dire quelle est la destination réelle de cette mystérieuse disposition. Alors que le statut de Rome s'est voulu pragmatique dans l'approche notionnelle des intérêts de la justice, soufflant à l'interprète de nombreux critères de définition (I), sa fonction reste encore indéterminée, laissant en suspens sa vocation réelle (II).

I- Le pragmatisme notionnel des intérêts de la justice

6. Le pragmatisme du Statut de Rome relativement à la notion des intérêts de la justice apparaît à deux égards. D'une part, le choix d'une approche négative du concept réduit les difficultés définitionnelles, conduisant non pas à en dessiner son contenu précis mais, plus simplement, à l'identification des cas où les enquêtes et poursuites pénales pourraient ne pas les satisfaire (A). D'autre part, le pragmatisme du Statut de Rome se fait jour à travers la large liste des critères d'interprétation dressée par son article 53 (B).

A) L'approche négative des intérêts de la justice

7. De la formulation négative de l'article 53 du Statut de Rome[31], le bureau du Procureur a toujours déduit, notamment dans les documents de politique générale, que, nécessairement, une enquête sur des crimes internationaux est présumée servir les intérêts de la justice[32]. Quant aux chambres préliminaires de la Cour, si elles ont, de prime abord, eu tendance à vérifier que toute procédure soumise à leur contrôle répondait auxdits intérêts, elles admettent désormais que cette question ne doit être examinée que lorsqu'elle est opposée par l'accusation qui renonce à la voie pénale[33]. Aussi, il existe une équivalence entre procédure internationale dont le but est de lutter contre l'impunité des crimes les plus graves et les intérêts de la justice, la première étant le moyen de réalisation de la seconde.

8. Sous cet angle, la notion des intérêts de la justice constitue un élément de pondération ou d'opportunité entre les mains du Procureur international qui peut alors échapper à la systématicité des enquêtes et des poursuites prescrites par l'article 53 du Statut de Rome[34]. Toutefois,

---

[31] Il faut ici rappeler que l'article 53 SdR ouvre la voie à la rétractation au Procureur lorsque l'enquête ou les poursuites ne serviraient pas les intérêts de la justice.

[32] *Document de politique générale relatif aux intérêts de la justice*, ICC-OTP, 2007, p. 3. Il y est même évoqué l'existence d'une forte présomption en ce sens.

[33] Ch. prél. II, 31 mars 2010, n° ICC, 01/09, note 35 et § 63, relativement à la demande d'autorisation d'ouvrir une enquête au Kenya ; "Par ex., ch. prél. III, 25 oct. 2017, n° CC-01/17-X, § 190, relativement à la demande d'autorisation d'ouvrir une enquête au Burundi.

[34] Il ressort en effet du libellé de l'article 53 du SdR, que l'ouverture d'une enquête et l'engagement des poursuites demeurent la règle, sauf à ce que des motifs particuliers, tels les intérêts de la justice, commandent d'agir autrement.

l'opportunité dont on parle ici n'est pas celle qu'on connait au plan national. En effet, la question de la conformité d'une enquête ou des poursuites aux intérêts de la justice n'a vocation à intervenir que lorsque toutes les conditions de recevabilité ont été vérifiées, bref que la gravité des faits et la carence des juridictions nationales sont établies, ou si l'on préfère que toutes les conditions justifiant l'enquête ou les poursuites devant la juridiction pénale internationale sont avérées, notamment au regard des exigences de la complémentarité. En somme, le recours aux intérêts de la justice mobilise une situation anormale, aboutissant à une impunité, contrairement au mandat de la Cour pénale internationale. C'est pour cette raison que le déploiement de cette voie a vocation à demeurer exceptionnel et qu'il fait l'objet d'un contrôle juridictionnel strict, du moins lorsque la situation a été déférée au Procureur par un Etat partie au Statut ou par le Conseil de Sécurité des Nations Unies[35].

9. Le statut de Rome prévoit en effet que lorsque le Procureur décide de ne pas enquêter ou de ne pas poursuivre en vertu des intérêts de la justice, il doit en informer l'entité qui l'a saisi de la situation, c'est-à-dire un ou plusieurs Etats parties ou le Conseil de sécurité des Nations Unies, ainsi

---

[35] Si le statut de Rome semble avoir envisagé ce contrôle quel que soit le mode de saisine du Procureur, donc y compris lorsque ce dernier le fait d'initiative propre, sur la base de l'article 15 du SdR, la chambre des appels a jugé, dans l'affaire dite d'Afghanistan, que le contrôle de la chambre préliminaire sur le refus d'enquêter ou de poursuivre ne concerne pas cette dernière situation. V. "CPI, ch. appel, Judgment on the appeal against the decision on the authorisation of an investigation into the situation in the Islamic Republic of Afghanistan, 5 mars 2020, n° ICC-02/17 OA4. Pour une analyse critique de la solution, A. Gogorza, Les intérêts de la justice : tribulations procédurales d'une notion. A propos de l'enquête pénale internationale, Dr. pén. 2020, n° 10, Etude 29.

que la chambre préliminaire de la Cour. Les premiers peuvent ainsi contester sa décision tandis que la seconde pourra se saisir d'office pour en contrôler le bien-fondé[36]. Ce regard juridictionnel est absolument essentiel, non seulement parce qu'il évite tout arbitraire mais également parce qu'il empêche toute dénaturation de la notion des intérêts de la justice, laquelle ne saurait être réduite à un simple critère de sélection des affaires, et qui constitue, au contraire, un véritable mécanisme de retrait mettant en cause l'utilité voire la légitimité du procès pénal international. Ledit contrôle assure en outre un équilibre institutionnel fondamental, ramenant juges et Procureur à leurs rôles respectifs. En effet, l'approche négative des intérêts de la justice exclut toute possibilité de contredire le Procureur désireux de mener une enquête ou de poursuivre, tout en l'obligeant à le faire lorsqu'il a mal évalué la situation et que son renoncement parait injustifié. En tout état de cause, cette évaluation doit être menée au regard de différents critères, largement établis par le Statut lui-même.

B) Des critères d'appréciation ouverts

10. Afin de ne pas s'enfermer dans une définition trop rigoureuse des intérêts de la justice, le statut de Rome propose plusieurs critères d'appréciation : la gravité et les intérêts des victimes sont au cœur du dispositif, puisqu'ils apparaissent aussi bien pour faire obstacle à l'ouverture d'une enquête que pour faire échec aux poursuites. Relativement à ces dernières, il faut y ajouter « *toutes autres circonstances comme, l'âge ou le handicap de l'auteur présumé et son rôle dans le crime allégué* ». Cette liste indicative ne permet pas, contrairement aux apparences, de donner un sens précis aux intérêts de la justice. On notera tout d'abord que les critères à prendre en

---

[36] Art. 53 3 a) et 53, 3 b) SdR.

compte ne sont pas les mêmes au stade de l'enquête et des poursuites, ce dernier renvoyant au surplus à des circonstances personnelles de l'agent. Pareille asymétrie ne semble pas justifiée, sauf à considérer qu'au regard du caractère exceptionnel de l'obstacle fondé sur les intérêts de la justice, la latitude laissée au Procureur doit être moindre en début de procédure, c'est-à-dire à l'ouverture de l'enquête, et que les circonstances tenant exclusivement à la personne de l'auteur, tout comme son implication dans les faits, ne doivent intervenir qu'au stade de la mise en cause officielle. Ensuite, les critères choisis ne paraissent pas parfaitement adaptés. La référence à la gravité de l'infraction est ambiguë et trompeuse. Si l'on doit en effet comprendre que la procédure internationale implique un seuil de gravité minimal, la confusion avec la recevabilité de l'affaire devient patente[37]. D'un point de vue procédural, la question de l'opportunité de l'enquête ou des poursuites ne se pose qu'une fois le filtre de la recevabilité franchi. On présuppose donc que les faits sont assez graves pour que la CPI s'en saisisse[38]. Du reste, s'agissant de crimes internationaux, graves par nature, ce critère heurte quelque peu le sens commun. D'ailleurs, un document de politique pénale édité par le Bureau du Procureur en 2007 relativement aux intérêts de la justice, indique que la forte présomption de gravité attachée aux infractions internationales rend peu probable que l'obstacle de l'article 53 du SdR y trouve sa source[39].

---

[37] Il faut en effet rappeler que selon l'article 17, 1, d) du SdR, une affaire devant la CPI est irrecevable lorsqu'elle n'est pas suffisamment grave pour que la Cour y donne suite.

[38] Art. 17 SdR.

[39] *Policy paper in the interests of justice, septembre* 2007, p. 5, accessible in : https://www.icc-cpi.int/fr/news/policy-paper-interest-justice.

11. Concernant les intérêts des victimes, il pourrait être soutenu qu'un procès n'est pas de nature à les desservir, ne serait-ce que parce qu'elles sont alors considérées comme telles. L'une des avancées du statut de Rome repose d'ailleurs dans leur reconnaissance, alors qu'elles étaient traditionnellement traitées comme des témoins. Mais il est tout aussi possible, sans doute, de tenir compte du péril auquel une enquête ou des poursuites les exposeraient, soit exacerbant un danger qui les menace, soit en les excluant de leur communauté. Si ces difficultés ne peuvent être négligées, doivent-elles, pour autant, justifier un renoncement à la justice ? Enfin, s'agissant des autres critères tels que l'âge, le handicap ou rôle – que l'on suppose minime- de l'auteur dans l'infraction, ils semblent croiser des considérations d'équité procédurale– capacité à se défendre- ou de recevabilité - gravité des faits et de la participation- telle qu'entendues par la jurisprudence internationale, faisant perdre toute spécificité à la notion des intérêts de la justice.

12. Les difficultés à appréhender la notion des intérêts de la justice est, du reste, apparue en jurisprudence, comme en témoigne une décision de la chambre préliminaire II du 12 avril 2019, relative à la demande d'ouverture d'une enquête pour les infractions commises sur le territoire de la République Islamique d'Afghanistan[40]. Le dossier était des plus tendus. D'une part, l'examen préliminaire ouvert en 2007 par le bureau du Procureur faisait apparaître que parmi

---

[40] C.P.I., Chambre préliminaire II, Décision relative à la demande d'autorisation d'ouverture d'une enquête sur la situation en la République islamique d'Afghanistan, 12 avril 2019, n° ICC-02/17, G. Poissonnier, *Enquêter sur les crimes en Afghanistan ne servirait pas les intérêts de la justice*, JCP G, 2019, n° 17, p. 452.

les infractions internationales en cause, des crimes de guerre auraient été commis par les forces armées et les services secrets américains[41]. D'autre part, l'hostilité de l'exécutif américain envers la Cour pénale internationale s'affichait au grand jour, à coup de menaces de sanction contre ses agents et fonctionnaires[42]. Dans ce contexte particulièrement délicat, le Procureur demandait l'autorisation d'ouvrir une enquête, comme il doit le faire quand il se saisit lui-même ; mais les juges de la Cour pénale internationale se saisissaient pour la première fois de l'article 53 SdR pour y faire obstacle, expliquant que les chances de réussite de la procédure étaient minimes et que les coûts générés par la procédure risquaient de compromettre le traitement d'autres affaires plus à même de prospérer. La décision avait beaucoup étonné, non seulement parce la chambre préliminaire prenait l'initiative de bloquer la demande d'enquête du Procureur, mais aussi parce que l'analyse des intérêts de la justice, tout entière guidée par un souci d'efficacité procédurale, semblait désincarnée et éloignée de l'idéal de justice. Autorisé à interjeter appel, le Procureur sollicitait donc un nouvel examen de sa demande, conduisant la chambre d'appel, dans une décision du 5 mars 2020[43], à autoriser l'ouverture

---

[41] Etaient plus précisément en cause des crimes contre l'humanité et des crimes de guerre commis par les Talibans et autres groupes armés rebelles et les forces afghanes gouvernementales. Quant aux faits commis par les forces armées américaines et la CIA, ils étaient examinés sous la qualification de crimes de guerre, v. B. Drevet, *Crimes contre l'Humanité et crimes de guerre en Afghanistan : l'enquête est ouverte*, Lexbase pénal n° 27, du 28 mai 2020.

[42] Entretien avec J. Fernandez, *Sanctions américaines contre CPI : c'est une démarche extrêmement brutale*, Libération, 13 juin 2020.

[43] C.P.I., Chambre d'appel, Judgment on the appeal against the decision on the authorisation of an investigation into the situation in the Islamic Republic of Afghanistan, 5 mars 2020, n° ICC-02/17 OA4. Pour une analyse détaillée de la décision, B. Drevet, *Crimes contre l'Humanité et crimes de guerre en Afghanistan : l'enquête est ouverte*, préc.

d'une enquête. Certes, les intérêts de la justice n'ont toujours pas été définis ; les juges d'appel se sont, en effet, contentés de relever que l'analyse menée en première instance était hâtive et spéculative[44] tout en rappelant, conformément à l'article 53, 1, c SdR, que la gravité de l'infraction et les intérêts des victimes doivent être pris en compte dans son évaluation. Mais il est vrai que la tâche est difficile tant que la fonction des intérêts de la justice, essentielle à la délimitation de la notion, restera elle-même indéterminée.

II- L'indétermination fonctionnelle des intérêts de la justice

13. Alors que la notion des intérêts de la justice apparaît comme une voie de pondération, ou une manière d'introduire de l'opportunité dans l'exercice de l'action pénale internationale, cette première analyse n'en demeure pas moins insuffisante, dans la mesure où elle ne révèle rien des finalités qui doivent guider sa mise en œuvre.
D'emblée, deux principaux domaines d'application des intérêts de la justice, partiellement convergents, peuvent être distingués : les intérêts de la justice pourraient venir au soutien de la paix, laissant au Procureur le choix de mettre à l'écart le procès pour s'assurer de la stabilité d'un pays (A). De manière moins radicale, les intérêts de la justice pourraient semblablement être mobilisés pour permettre la mise en œuvre de mécanismes de justice transitionnelle et envisager une autre façon de répondre aux crimes internationaux (B).

A) Les intérêts de la justice au service de la paix

14. Selon une première analyse, ne serviraient pas les

[44] B. Drevet, préc.

intérêts de la justice les procédures qui risquent de compromettre la paix et la sécurité, en entrainant des représailles, en durcissant la situation des populations opprimées, en menaçant la stabilité d'une région en proie à des attaques prolongées, ou en mettant en péril un processus de paix.
Pareille analyse peut trouver un appui dans le préambule du statut de Rome qui érige la paix et la sécurité des Nations en objectifs de la justice pénale internationale, tout comme elle peut être rattachée à l'article 68 de ce statut, en ce qu'il confie à la Cour pénale internationale le soin d'assurer la sécurité des victimes et des témoins participant au procès. C'est du reste en ces termes que le document de politique du bureau du Procureur consacré aux intérêts de la justice aborde la question, estimant que les processus de paix peuvent faire partie des facteurs à même d'orienter la décision de cesser la voie pénale[45]. A certains égards, cette approche convoque la croyance selon laquelle il faut parfois choisir entre paix et justice, et sacrifier le procès, au postulat que rendre justice alors que la stabilité politique et militaire ne sont pas acquises n'en vaut pas la peine. En ce sens, avoir recours aux intérêts de la justice reviendrait à considérer que le temps de la justice n'est pas encore venu.

15. Mais outre que la nécessité de choisir entre paix et justice ne semble pas inéluctable, pareille analyse des intérêts de la justice suscite plusieurs réserves. La question se pose en effet de savoir si de telles considérations, par définition étrangères à l'analyse juridique, doivent être prises en compte. Dans la mesure où les intérêts de la justice introduisent de l'opportunité dans l'action pénale, une réponse positive semble s'imposer. Mais le risque n'est-il pas, ce faisant, que le bureau du Procureur outrepasse son mandat judiciaire et dérive vers un rôle qui lui est étranger ?

---

[45] *Policy paper in the interests of justice, septembre* 2007, préc., p. 8.

16. Cela est d'autant plus vrai que les possibilités d'intervention pour le maintien de la paix, spécialement en remettant le temps de la justice, sont déjà prévues par l'article 16 du Statut de Rome. Selon cette disposition, en effet, le Conseil de Sécurité des Nations Unies peut suspendre une enquête ou des poursuites, pour un délai de douze mois renouvelables, si la paix ou la sécurité internationales sont menacées. Certes, les conditions de l'article 16 sont exigeantes qui renvoient à la paix et la sécurité internationales, laissant donc le loisir de faire jouer un rôle aux intérêts de la justice dans le cadre de conflits purement nationaux. Pour autant, le bureau du Procureur ne semble pas disposé à s'engager dans cette voie, comme en témoigne son positionnement dans le cas Colombien. Alors que la longueur de l'examen préliminaire mené sur ce territoire interrogeait bon nombre de personnes, il a eu l'occasion d'expliquer que sa position était sans rapport avec l'article 53 SdR. Et d'indiquer que cette disposition ne doit pas être assimilée à un moyen de gérer les conflits dans le cadre desquels le Procureur assumerait un rôle de médiateur dans une négociation politique, en violation des fonctions judiciaires établies dans le statut. Les fonctions des intérêts de la justice doivent ainsi être recherchées ailleurs, en lien avec le recours à des mécanismes de justice transitionnelle.

B) Les intérêts de la justice au service de mécanismes transitionnels

17. C'est non seulement la deuxième piste de réflexion qui apparait dans le document du bureau du Procureur consacré aux intérêts de la justice, mais également l'hypothèse privilégiée en doctrine[46]. Dès l'adoption de la CPI, la souplesse offerte par l'article 53 du SdR a été considérée comme une porte ouverte aux lois d'amnistie que les Etats n'ont curieusement pas interdites, dans le cadre de processus transitionnels[47]. Et c'est encore l'analyse dominante qui fait de l'article 53 SdR le socle de distinction entre la justice institutionnelle - portée par la CPI - et la justice transitionnelle ou alternative – laissée à d'autres instances -[48]. On oppose ainsi la justice rétributive, dont le mandat est de punir les auteurs des crimes les plus graves, à la justice restaurative, tournée vers la reconstruction du tissu social, en privilégiant l'accès à la vérité sur la déclaration de culpabilité. Or, cet objectif ne peut raisonnablement être atteint par l'organisation d'une poignée de procès, fussent-ils internationaux[49].

18. On comprend alors que les intérêts de la justice auxquels fait référence l'article 53 du Statut de Rome ne sont pas ceux de la justice institutionnelle mais plutôt ceux de cette autre justice, beaucoup plus exigeante dans le sens où elle a vocation à permettre la compréhension des processus criminels tout en œuvrant aux transformations

---

[46] G. Giudicelli-Delage, Poursuivre et juger selon les intérêts de la justice, RSC 2007, p. 473 ; A.-L. Chaumette, La Cour pénale internationale et le maintien de la paix in, Statut de Rome de la Cour pénale internationale : commentaire article par article, J. Fernandez, X. Pacreau (dir.), éd. Pédone, 2012, p. 65 et s. ; K. Mariat, Justice transitionnelle extrajudiciaire, Cour pénale internationale et intérêts de la justice, RSC 2020, n° 2, p. 543 et s.

[47] M. Massé, Compétence universelle et amnistie, RSC 2003, p. 425 et s.

[48] Sur cette opposition, A.-L. Chaumette, La Cour pénale internationale et le maintien de la paix, préc.

[49] Il faut rappeler que la Cour pénale internationale ne peut absorber tout le contentieux relatif à un conflit et que son fonctionnement est fondé – en théorie- sur la sélection des affaires ou des auteurs les plus emblématiques ou significatifs.

institutionnelles et à la mémoire nécessaire à la non-répétition des faits. Évidemment, cette concurrence des justices et la mise en œuvre de l'article 53 SdR appellent une grande prudence. Toute forme de justice alternative, notamment lorsqu'elle est fondée sur de rites traditionnels, ne peut en effet être prise en compte, car il faut que cette autre justice permette d'assouvir le sentiment social d'impunité[50] . Des exemples de justice transitionnelle extrêmement intéressants peuvent néanmoins exister, et c'est à travers les relations qui seront tissées avec la Cour pénale internationale que la notion des intérêts de la justice pourra voir le jour. Le système colombien de justice intégrale, issu des accords de paix entre les FARC et le Gouvernement mérite une attention particulière. Sa particularité réside dans le fait d'être très largement expurgée de son versant rétributif puisque les sanctions encourues devant la juridiction spéciale pour la paix, du moins en cas de coopération totale des accusés, excluent les peines privatives de liberté[51]. La mise en place de ce système a conduit la CPI à renoncer à une enquête après 17 années d'examen préliminaire et un dialogue extrêmement riche et soutenu entre le bureau du Procureur et les autorités colombiennes, destiné à apprécier la validité et la viabilité de ce modèle alternatif. Pendant ce très long examen préliminaire, le bureau du Procureur n'a jamais évoqué les intérêts de la justice ; et c'est d'ailleurs sous couvert de complémentarité que la décision de clôturer la période

[50] Sur ce point, A.L- Chaumette, La Cour pénale internationale et le maintien de la paix, préc. L'auteur prend ainsi l'exemple des rites de purification existant selon la tradition acholie en Ouganda et qui ne peuvent naturellement écarter l'application de la responsabilité pénale internationale.

[51] Sur ce point, A. Gogorza, L'incidence de la justice pénale transitionnelle sur la compétence de la Cour pénale internationale, in Les vingt ans du Statut de Rome, éd. Pédone, 2020.

d'observation a été prise[52]. Pourtant, tout indique que la véritable raison de ce retrait repose sur l'article 53 SdR, dans la mesure où de nombreux rapports ont, pendant ladite période, pointé les carences colombiennes dans le traitement des procédures et questionné la compatibilité des mesures envisagées avec les standards internationaux. Si malgré tout le Procureur a renoncé à l'ouverture d'une enquête, c'est qu'il a très probablement estimé que face à ce conflit ayant duré près de 60 ans, avec des répercussions sociales très importantes, la justice pénale internationale n'était pas à même de jouer le rôle d'apaisement qui doit être le sien. D'une part, parce que de telles procédures auraient pu saper le travail de reconstruction mené au sein de pays, notamment l'effort de démobilisation des paramilitaires ou le retour à la vie civile des membres des FARC. D'autre part, parce que les quelques procès qu'on aurait pu mener à terme, auraient laissé un sentiment d'inachevé et donc de mauvaise justice. On notera à cet égard que la juridiction spéciale pour la paix a organisé son activité juridictionnelle autour de macro-procès thématiques[53] de manière à proposer une vision globale du conflit et à en appréhender tous les aspects. C'est en cela que cette justice est plus adaptée, même si la réponse pénale qui en résultera pour les accusés sera moindre.

---

[52] La décision du procureur du 28 octobre 2021 mettant fin à l'examen préliminaire Colombie, est accessible in https://www.icc-cpi.int/fr/node/192306.

[53] Il s'agit en effet de procès thématiques, regroupant des phénomènes criminels particulièrement significatifs du conflit : faux positifs, enrôlement des enfants, enlèvements, violences faites aux femmes, etc. Pour une vision complète des macro-procès en cours devant la JEP (jurisdiccion especial para la paz), v. https://www.jep.gov.co/Paginas/casos.aspx. A l'heure actuelle, la JEP examine 11 macro-procès.

19. On comprend alors qu'il existe plusieurs justices, lesquelles répondent à des logiques et des préoccupations différentes. Ce postulat étant posé, la référence aux intérêts de la justice dans le statut de Rome permet d'accepter, avec une forme d'humilité, que la justice que l'on incarne n'est pas toujours la plus appropriée.

L'APPROCHE HISTORIQUE

REMI OULION
Professeur à l'Université Clermont Auvergne

I- « L'intérêt de la justice est l'intérêt de Dieu même » : les fondements

1. Les souverainetés nationales ont été portées par la Justice. Depuis le Moyen Âge, les monarques sont des justiciers qui traduisent ce pouvoir par la loi, dans un cercle vertueux centralisé ainsi rappelé par Louis XV en 1731 dans le préambule de l'ordonnance sur les donations : « La justice devrait être aussi uniforme dans ses jugements que la loi est une dans sa disposition ». La « variété des jugements » peut aboutir à des divergences « contraires à l'honneur de la justice [et] encore plus au bien public »[54].

2. Dans les premiers siècles capétiens, cette justice n'est pas pensée de manière rétributive, elle n'est pas vouée à châtier mais à réduire les atteintes à la paix[55]. Cela

---

[54] Fr.-A. Isambert *et alii, Recueil général des anciennes lois françaises depuis l'an 420 jusqu'à la Révolution de 1789,* t. 21, Paris, 1830, p. 343-344.

[55] Ce thème est un classique de l'histoire élémentaire du droit et des institutions. Néanmoins, des apports essentiels pour le long XIIIe siècle sont à lire chez Vincent Martin, *La paix du roi (1180-1328). Paix publique, idéologie, législation et pratique judiciaire de la royauté capétienne de Philippe Auguste à Charles le Bel*, Institut Universitaire Varenne – L.G.D.J., Collection des thèses n°112, 2015.

s'inscrit dans un remploi de la pensée carolingienne de protection des églises, des faibles et la régulation de la violence entre les Grands[56]. Avec des moyens administratifs dérisoires, le maintien de la paix était alors avant tout assuré par la liturgie, le gouvernement par les rites selon l'expression popularisée par Robert Jacob[57]. En l'absence d'un arsenal policier et judiciaire laïc, les Carolingiens s'étaient appuyés sur l'Église, en l'aidant à accélérer la constitution d'un maillage paroissial qui s'épanouira encore aux temps féodaux[58].

3. C'est cette Église qui, depuis la fin du Xe siècle, s'échine à discipliner l'ordre féodal en collaboration plus ou moins étroite avec les princes. La Paix de Dieu, sujet d'intenses débats contradictoires chez les historiens[59], fut

---

[56] Sur la construction intellectuelle du pouvoir royal en Francia/France et le « tournant du XIIe siècle », cf. le classique d'Yves Sassier, *Royauté et idéologie au Moyen Âge*, Paris, Armand Colin, 2002, p. 248 et s.

[57] Expression tempérée par l'auteur lui-même afin de ne pas dévoyer sa signification confucéenne. Néanmoins, ce détournement permet de rendre compte du fait que les Carolingiens ont, « à défaut de poser des lois matérielles [...], su élaborer des normes rituelles et les communiquer aux populations ». R. Jacob, *La grâce des juges. L'institution judiciaire et le sacré en Occident,* Paris, PUF, 2014, p. 193. Les systèmes étatiques ne sont bien entendu pas étrangers aux rites. Cf. C. Rivière, *Anthropologie politique*, Paris, 2000, p. 158 : « il n'est pas de régime qui n'ait recours à des rites, au sommet de l'État certes, mais aussi au niveau de ce qu'on pourrait appeler la chefferie locale ».

[58] Cf. par exemple l'étude du diocèse de Bourges, mêlant analyse des pouvoirs épiscopaux, en particulier judiciaires, et le déploiement progressif du maillage paroissial durant le haut Moyen Âge : J. Péricard, *Ecclesia Bituricensis. Le diocèse de Bourges des origines à la réforme Grégorienne*, Paris – Clermont-Ferrand, Fondation Varenne-L.G.D.J., Collection des thèses n°6, 2006.

[59] Pour une synthèse récente et déliée des passions et animosités suscitées par le sujet, laquelle détermine en partie la question de savoir si la période féodale fut une « mutation » socio-économique, cf. V. Martin, *La paix du roi*..., p. 65 et s.

bâtie lors de nombreux conciles, source essentielle du droit canonique des premiers siècles[60]. Les lacunes de sources empêcheront toute conclusion définitive sur la régulation de la violence à l'époque féodale mais l'Église a sans aucun doute permis d'influencer les mœurs des Grands mais aussi de la population par l'emprise paroissiale, et de forger une éthique de la violence, tout comme les temps modernes essaieront de définir les critères de la guerre juste. Son apport fut essentiel à la monarchie capétienne dont les premiers représentants, à partir du XIIe et surtout du XIIIe siècle, cherchent à forger la paix royale, au milieu d'acteurs hostiles revendiquant leur souveraineté propre, qu'il s'agisse des comtes et ducs locaux mais aussi du roi d'Angleterre[61]. Mélange de droit féodal, de diplomatie et de conflits armés, l'expansion de la souveraineté du roi des Francs, devenu roi de France avec Philippe Auguste, se fonde ainsi sur la recherche de la paix, le réinvestissement des notions carolingiennes (et romaines) de *res publica* et de ministère royal, dont la charge consiste avant tout en la protection des faibles. Cette alliance du discours politique et du droit, nécessaire à la construction de la justice pénale internationale présente et à venir, trouve ainsi quelque écho dans le passé et donne, au moins, matière à penser.

4. Toute une pédagogie de la justice se structure au Moyen Âge, par le droit, la littérature, l'imagerie, la théologie. Cela rejoint ce que Mirelle Delmas-Marty

---

[60] Notre regretté directeur de thèse, le professeur Christian Lauranson-Rosaz avait notamment contribué à ce riche débat, concluant à l'institutionnalisation de l'ordre féodal par l'institutionnalisation de la Paix de Dieu, en particulier grâce à l'intense travail conciliaire dans les régions du Massif Central. Chr. Lauranson-Rosaz, *L'Auvergne et ses marges (Velay, Gévaudan) du VIIIème au XIème siècle. La fin du monde antique ?*, Le Puy-en-Velay, Les Cahiers de la Haute-Loire, 2007 (1987), p. 475 et s.

[61] V. Martin, *La paix du roi…*, *passim.*

appelait de ses vœux : ordonner les interactions, forger une complémentarité entre les cours nationales et internationales, afin de faire émerger une communauté judiciaire transculturelle[62]. L'idée que la justice doit subordonner sa fonction rétributive à la fonction restauratrice (voire instauratrice), est déjà au cœur de la construction des justices étatiques depuis le Moyen Âge. Le règne de Saint Louis fut un jalon essentiel dans la définition de cet office royal qui doit prêter attention à ce que les sujets et gens du roi vivent sous lui en « pez et en droiture »[63]. L'addition de la pensée aristotélicienne relue par Thomas d'Aquin[64] appuie encore la fonction du roi comme guide vers l'intérêt commun et le Jugement dernier[65].

5. Les intérêts de la justice en France sont donc avant tout les intérêts du roi qui incarne peu à peu, à lui seul, cette charge fondamentale : « les magistrats sont mes officiers chargés de m'acquitter du devoir vraiment royal de rendre la justice à mes sujets, fonction qui les attache à ma personne »[66]. La promesse de justice formulée lors du sacre

---

[62] M. Delmas-Marty, « La Cour pénale internationale et les interactions entre droit international pénal et droit pénal interne à la phase d'ouverture du procès pénal », *Revue de science criminelle,* 2005, n°3, p. 473 et s.

[63] Jean de Joinville, *Vie de Saint Louis,* traduite par Jacques Monfrin et rééditée à de multiples reprises aux Classiques Garnier. Sur l'œuvre de Saint Louis cf. récemment : M. Dejoux, P.-A. Forcadet, V. Martin, L. Tuttle, *La justice de Saint Louis : dans l'ombre du chêne*, Paris, PUF, 2024.

[64] V. Martin, *La paix du roi...*, p. 121 et s.

[65] Le roi de France reprend ainsi le flambeau des empereurs ottoniens qui se définissaient, dans une dimension eschatologique, comme représentants du dernier Empire universel, la dernière Rome avant la fin des temps. Cf. Y. Sassier, *Royauté et idéologie…*, p. 190-191.

[66] Discours tenu par Louis XV lors de la séance royale dite de la flagellation du 3 mars 1766. Cf. J. Flammermont, *Remontrances du Parlement de Paris au XVIIIe siècle*, t. 2, Paris, 1895, p. 556.

n'est pas un vœu pieux mais un véritable engagement, auprès des Grands mais aussi de la population présente à la cérémonie[67]. Et au-delà du roi, l'intérêt de la justice est « l'honneur et l'intérêt de Dieu même » selon la formule de Jean Domat[68], rappelant aux juges que leur pouvoir ne leur est pas propre et qu'ils n'en sont que les dépositaires. Cette conscience morale du juge n'est pas un vain mot, a fortiori au sommet de la hiérarchie judiciaire. Domat rappelle, à ce titre, qu'il ne faut pas négliger les petites causes puisqu'elles « sont pleines de suites, soit à cause de l'intérêt de la justice, qui est toujours grand, soit en ce qu'elles marquent l'esprit du juge » [69].

6. Au-delà du discours idéologique, et à la suite d'un Domat s'exprimant alors en plaideur plutôt qu'en théoricien, il est possible de saisir la construction normative de l'intérêt de la justice à partir d'un échantillon de sources juridiques modernes et contemporaines. Cet intérêt se manifeste, nous le verrons plus loin, au travers de rares thématiques enchâssées les unes dans les autres : la bonne administration de la justice, les droits de la défense et de la victime ainsi que les pouvoirs de l'accusation, donc le droit à un procès équitable. Ces axes révèlent le sens profond de la culture pénale romano-canonique et les réformes

---

[67] Cela est répété constamment sous l'ancien droit au point d'être un lieu commun dans l'esprit des juristes. V. par ex. François Gayot de Pitaval, *Causes célèbres et intéressantes, avec les jugements qui les ont décidées,* t. 16, Paris, 1712, p. 273, décrivant à l'occasion d'une affaire politico-pénale, une lettre compromettante « trop importante pour l'intérêt du Monarque pour que [M. de Pontchartrain] pût la dissimuler : car l'intérêt de la justice est celui du roi ».
[68] Jean Domat, *Les Loix civiles dans leur ordre naturel, le Droit public et Legum delectus,* t. 2, Paris, 1723, p. 252. Extrait d'une harangue prononcée aux assises de l'année 1660.
[69] *Ibid.*, p. 254.

qu'exigent les mutations sociales actuelles, d'une profondeur inédite depuis le Moyen Âge.

7. Sous l'Ancien Régime, les droits de la défense existent et des travaux ont cherché à briser la caricature dominante de l'arbitraire du juge, dans l'esprit commun mais aussi dans l'historiographie[70], non sans soulever quelque controverse rappelant le maintien d'un déséquilibre certain au profit de l'accusation[71]. Il est vrai que les ordonnances royales, surtout celles d'époque moderne, ont développé une rhétorique plus sévère à l'égard des délinquants et une justice plus punitive que restauratrice, ne consacrant pas de grands principes protecteurs vis-à-vis des accusés. Le maintien de la torture dans l'ordonnance criminelle de 1670[72], quoique placée sous l'étroite surveillance des parlements afin d'éviter tout exercice injustifié de la violence par les tribunaux inférieurs, demeure un symbole faisant écran aux évolutions procédurales[73]. Ainsi trouve-t-on dans les textes, y compris dans l'ordonnance elle-même, des moyens de défense : formulation de requêtes, dénonciation d'irrégularités etc. Certes, l'article 8 du titre XIV supprime le droit au conseil, pour « la sûreté qu'il établirait pour la preuve » selon les termes du Conseiller d'État Pussort[74] mais les discussions

---

[70] À la suite de Jean-Marie Carbasse, voir par exemple la thèse publiée de S. Blot-Maccagnan, *Procédure criminelle et défense de l'accusé à la fin de l'Ancien Régime : étude de la pratique angevine*, Rennes, Presses universitaires de Rennes, 2010.

[71] V. par ex. le compte-rendu de Sébastien Annen sur la thèse précitée dans les *Annales historiques de la Révolution française,* 365 | 2011, p. 207-208.

[72] Fr.-A. Isambert *et alii*, *Recueil général…*, t. 18, Paris, 1829, p. 343-344

[73] J.-M. Carbasse, P. Vielfaure, *Histoire du droit pénal et de la justice criminelle,* 3e éd. Paris, PUF, 2014, p. 222.

[74] *Procès-verbal des conférences tenues par ordre du roi, pour l'examen des articles de l'ordonnance civile du mois d'avril 1667 et de*

préliminaires furent très vives. Un conseil peut faire libérer mille coupables mais il peut aussi rendre justice à un innocent[75] et le président Lamoignon rappelle que la défense « n'est point un privilège accordé par les ordonnances, ni par les lois : c'est une liberté acquise par le droit naturel, qui est plus ancien que toutes les lois humaines »[76].

8. Stéphanie Blot-Maccagnan rappelle par ailleurs que la voie judiciaire, contentieuse, n'était encore qu'une voie parmi d'autres dans l'État royal[77] et nous sommes aujourd'hui en train de revenir sur le monopole judiciaire étatique idéalisé et construit de manière éphémère depuis le XIXe siècle. Le développement des modes alternatifs de règlement des conflits, du fait du désengagement progressif de l'État, n'est qu'un éternel retour au principe, dans la longue histoire du droit, selon lequel il faut faire flèche de tout bois[78]. Dans la perspective de la construction d'une justice nationale et étatique, il était fondamental de

l'ordonnance criminelle du mois d'avril 1670, t. 2, Paris, 1776 (1709), p. 164.

[75] Le président Lamoignon reprend ainsi la fameuse formule d'Ulpien lisible dans le Digeste (48, 19, 5) : « *satius enim esse impunitum relinqui facinus nocentis quam innocentem damnari* ».

[76] *Ibid.* p. 163.

[77] S. Blot-Maccagnan, « Les modes alternatifs de résolution des conflits sous l'empire de l'ordonnance criminelle : la loi et la doctrine », *Criminocorpus* [En ligne], 26 | 2024, http://journals.openedition.org/criminocorpus/15732

[78] Dans son analyse de la justice publique dans l'Italie du haut Moyen Âge, François Bougard insiste sur le fait que « le raccommodage à l'amiable du tissu social est un idéal déjà partagé par tous, un souhait et non un pis-aller. […] Pour de simples raisons matérielles, il est clair que tous les conflits n'ont pas systématiquement impliqué une action judiciaire en bonne et due forme. Les arrangements "privés" vont donc bon train ». Cf. F. Bougard, *La justice dans le royaume d'Italie, de la fin du VIIIe siècle au début du XIe siècle*, Rome, École française de Rome, 1995, p. 344.

renforcer sa crédibilité donc la légitimité de l'État lui-même.

II- L'intérêt est/et la crédibilité de la justice publique : usages anciens et enjeux actuels

9. Dans nos sondages visant à retracer les usages de l'expression « intérêt de la justice » dans les sources juridiques, un sentiment général émerge. Elle est souvent employée en complément général d'une proposition particulière : il en va de l'intérêt d'*untel* mais surtout de l'intérêt de la justice. La formule apparaît donc comme un artifice rhétorique. Cela est lié au caractère très vague des intérêts de la justice qui doivent bien reposer sur des fondements matériels un peu plus clairs.

10. Les droits de la défense constituent le domaine où le combat judiciaire est le plus saillant, potentiellement déséquilibré au détriment de l'accusé ou bien de la société si jamais ces droits amenaient à l'impunité. Si l'intérêt de la justice est souvent lié, même grammaticalement, à celui du prévenu ou de l'accusé, ou à celui des témoins, au mieux, on ne le trouve presque jamais lié à un éventuel intérêt des victimes. Voici un exemple tiré d'un arrêt de la chambre criminelle de la Cour de cassation du 24 mars 1908[79]. Le Code d'instruction criminelle (art. 185) prévoit qu'un prévenu peut se faire représenter à un jugement correctionnel pour des délits qui n'entraînent pas la peine d'emprisonnement. La doctrine et la jurisprudence en ont déduit, en miroir, qu'il ne pouvait pas se faire représenter pour les délits entrainant un emprisonnement, entendu que cela n'est valable que pour les questions de fond et non, par

---

[79] *Recueil général des lois et des arrêts en matière civile, criminelle, administratif et de droit public*, Paris, Sirey, 1913 | 1, p. 62-63. Note Ch. Lyon-Caen.

exemple, pour des jugements de questions préjudicielles, notamment de compétence. La cour a rappelé que l'article 185 a été établi « exclusivement en faveur du prévenu, et que son inobservation ne peut causer aucun grief à la partie civile »[80]. Le commentaire adoucit cette interprétation qu'il estime critiquable en soulignant le fait que l'audition du prévenu est exigée « à la fois dans son intérêt et dans l'intérêt de la justice »[81].

11. Les relations entre l'avocat et un inculpé sont au cœur des débats précédant la loi des 8-10 décembre 1897 modifiant certains points de l'instruction criminelle. Des parlementaires avaient soulevé l'intérêt de la justice d'avoir un secret momentané mais strict au début de l'instruction, conciliant les « deux intérêts en présence : celui de la poursuite et celui de la défense »[82], équilibre que recherche justement aujourd'hui la justice internationale au travers des pouvoirs du bureau du procureur[83]. Par ailleurs, « la liberté de la défense est un droit supérieur qu'il faut reconnaître aux avocats autant dans l'intérêt de la justice que dans celui de leurs clients »[84]. Pourtant, les juges

---

[80] *Ibid.*

[81] *Ibid.*

[82] *Jurisprudence générale du royaume en matière civile, commerciale et criminelle* (Dalloz), Paris, 1897, p. 124. Rapport de M. Jean Dupuy du 24 mars 1896.

[83] Notamment en matière de collecte et d'appréciation des preuves. Cf. J. Hall, *L'appréciation de la preuve devant la Cour pénale internationale,* thèse de l'université Grenoble-Alpes, dir. K. Bannelier-Christakis, 2020. V. aussi un mémoire abordant une approche critique de l'action du bureau : Anne Serra, *La collecte des preuves par le bureau du procureur de la Cour pénale internationale et le manque de juridicité des éléments probatoires. Les affaires Thomas Lubanga Dyilo, Germain Katanga et Bosco Ntaganda*, mémoire Master culture juridique, université Clermont Auvergne, 2023.

[84] *Dalloz, Jurisprudence générale*, Paris, 1904 p. 280. Commentaire du jugement du tribunal civil d'Arlon du 6 février 1901. Note M. Planiol.

mettent parfois en balance le « droit naturel de la défense » et « l'intérêt de la justice », comme s'ils ne participaient pas l'un à l'autre[85]. En outre, il faut prendre en compte la variété de situations des prévenus dont certains, par la faiblesse du délit et leur bonne réputation, ne doivent pas être traités comme des criminels et ne font pas forcément l'objet d'un mandat d'arrêt et d'amener, ce qui permet de « concilier l'intérêt de la justice avec celui de la liberté »[86].

12. Outre les droits de la défense, la crédibilité de l'institution judiciaire est garantie par la publicité de l'instruction et des procès, y compris ceux des mineurs. Lors des débats autour de la loi du 22 juillet 1912 sur les tribunaux pour enfants, le député Beauregard s'insurge : « c'est non seulement notre intérêt à nous, citoyens, mais aussi l'intérêt de la justice elle-même qui a besoin de publicité pour n'être pas soupçonnée »[87]. Ce principe de publicité est maintes fois relevé, par exemple dans un arrêt de la chambre civile du 19 mai 1813 : « c'est pour l'honneur de la magistrature autant que pour l'intérêt de la justice que le législateur a prescrit la publicité des plaidoyers, des rapports et des jugements »[88], ce qui suppose de laisser les portes de la chambre ouvertes et de le mentionner expressément dans le jugement. La cour en tire d'ailleurs

---

[85] Observations du Tribunal de cassation, présentées au gouvernement le troisième Jour complémentaire an XI, Paris, Imprimerie de la République, Vendémiaire an XII (1803).

[86] S.-J. Bexon, *Développement de la théorie des lois criminelles par la comparaison de plusieurs législations*. t.1, Paris, Garnery, Nivôse an X (1802), p. 304.

[87] *Pandectes françaises périodiques*, t. 27, Paris, L.G.D.J., 1912.

[88] *Recueil général des lois et des arrêts en matière civile, criminelle, administratif et de droit public*, t. XIV, 1814, p. 112.

un principe général de bonne administration de la justice[89]. La publicité permet de lever les suspicions vis-à-vis des juges mais doit aussi servir de pédagogie pour le public, objectif commun et avoué de l'ancien droit pénal[90].

13. En miroir de la publicité des débats, la justice est également assurée par le secret de l'instruction, entendu comme secret professionnel. Il peut être levé, non pas pour le grand public mais pour les personnes intéressées par l'instruction (prévenus, témoins, etc.) et c'est au « juge qu'il appartient d'apprécier si, en raison des nécessités de l'information et de l'intérêt de la justice, il doit se taire ou parler », au cas par cas, selon l'importance des informations révélées[91].

14. L'efficacité judiciaire et la bonne administration sont mises en valeur par la connexité des délits et la jonction des actes d'accusation, prévues aux articles 227 et 307 du Code d'instruction criminelle. La jurisprudence du XIXe siècle précise que les cas législatifs n'étaient pas limitatifs et que les juges appréciaient ces jonctions « par l'intérêt de la découverte de la vérité et de la bonne administration de la justice »[92]. La bonne conduite des débats trouve encore

---

[89] *Ibid.* : « si l'on pouvait se dispenser de faire mention dans ces actes [que les règles impératives] ont été remplies, l'on pourrait bientôt les transgresser impunément ».

[90] J.-B. Furgole, *L'ordonnance de 1667, mise en pratique conformément à la jurisprudence et à l'usage du parlement de Toulouse*, Toulouse, 1759, p. 329 : il est de « l'intérêt de la justice d'empêcher le mal en faisant connaitre les méchants et les châtiments qu'on exerce contre eux [...] pour que les autres se corrigent [et] il doit être permis aux parties de relever des faits connus ou justifiés, soit par des condamnations ou par des pièces publiques hors de réplique ».

[91] *Dalloz, Jurisprudence générale*, Paris, 1904 p. 27. Note G. Le Poittevin (Crim. Cass. 5 novembre 1903).

[92] *Bulletin des arrêts de la Cour de cassation rendus en matière criminelle*, t. 58, 1853, n°3, p. 138.

une expression au sujet de l'article 354 du Code d'instruction criminelle qui propose le renvoi des débats lorsqu'un témoin cité ne comparaît pas « avant que les débats soient ouverts par la déposition du premier témoin ». Une interprétation restrictive du texte serait contraire « à l'intérêt de la justice et souvent même à l'intérêt de l'accusé », ainsi est-il possible de demander le renvoi une fois les débats commencés, si le moment est opportun[93]. Au contraire, le fait que l'action civile puisse être poursuivie « en même temps et devant les mêmes juges que l'action publique » (art. 3 C. inst. crim.) est sans doute conforme à « l'intérêt de la justice » mais pas forcément aux « intérêts particuliers de la personne lésée, de la défense du prévenu, des tiers intéressés », dans le cas où les éléments matériels du délit et de la contravention connexes qui ont pu contribuer à la constitution du délit (routier en particulier), amènent à l'absorption de la contravention routière par le délit d'homicides ou blessures involontaires[94].

15. Au sens encore plus large, tout cela s'intègre dans la recherche de la vérité qui est souvent accolée grammaticalement à l'intérêt de la justice, dénotant l'esprit caractéristique du droit français et romano-canonique au sujet de la vérité des faits, fruit du régime médiéval des preuves « légales » appuyé ensuite, par la force des choses, par l'intime conviction. Ces mentions concernent des moments de procédure où la cour dispose de souplesse procédurale afin d'aboutir à la vérité ou de gagner en efficacité : demande d'enquête complémentaire y compris

---

[93] Teulet, D'Auvilliers et Sulpicy, *Les codes français annotés*, Paris, Vidocq, 1857, p. 295.

[94] *Le Quotidien juridique. Législation, jurisprudence, bibliographie. Supplément quotidien de la Semaine juridique,* 26e année, n° 8952-8954. Note J. Brunet (1088).

une fois le procès ouvert[95], utilisation de pièces sensibles comme les lettres anonymes[96], rétractation de bonne foi d'un témoin[97], recours à un simple officier de santé plutôt qu'un docteur pour des expertises urgentes[98], citation des parties même lorsque l'opposition emporte de droit citation à la première audience[99], représentation du procureur général par l'un des officiers de son parquet[100], recours à un notaire pour recueillir un témoignage,[101] etc. Les exemples sont innombrables.

16. Au regard de ce bref excursus, une conclusion émerge. Les droits du prévenu et de l'accusé furent une matrice de la définition de l'intérêt de la justice, afin d'obtenir un procès équitable. Dans la procédure romano-canonique, marquée par une absence de la victime et un pouvoir considérable du ministère public, il était de l'intérêt de la justice étatique royale puis nationale en construction d'offrir des garanties en matière de défense. L'institution judiciaire, substitut aux pratiques sacrificielles archaïques, ne cherchait alors pas à satisfaire la victime mais à châtier les coupables tout en cherchant une légitimité et une crédibilité par la procédure. Cette quête du procès équitable est questionnée par les victimes qui revendiquent une

---

[95] *Recueil de la Gazette des tribunaux, Table Quinquennale 1901-1905*, p. 727. Cass. crim. 16 mars 1901.

[96] *Journal du Palais*, t. 27, 1836-1836, p. 901. Cass. crim. 7 janv. 1836.

[97] *Jurisprudence générale du royaume ou répertoire méthodique de la législation et de la jurisprudence modernes*, t. 12, 1830, p. 609. Cass. crim. 16 janv. 1807.

[98] *Les codes annotés. Code d'instruction criminelle*, dir. E. Dalloz et Ch. Vergé, Paris, 1898, p. 140 : « toute règle disparaissait devant l'intérêt de la justice et de l'accusé ou du prévenu » (note aux art. 43 et 44 du C. inst. crim.).

[99] *Ibid.*, p. 387 (note à l'article 188 du C. inst. crim).

[100] *Ibid.*, p. 558 (note à l'article 274 du C. inst. crim).

[101] *Gazette du Palais. Répertoire encyclopédique du droit français,* t. 10, 1894, p. 650 (CA Toulouse 2 mai 1883).

nouvelle orientation des objectifs de la justice, à savoir leur « satisfaction » par la punition des coupables mais aussi par l'écoute et le retentissement social que peuvent porter des affaires criminelles. En amont, les réseaux sociaux numériques offrent également un étonnant retour de l'accusatoire délié des procédures.

17. Voilà le grand défi de la justice pénale interne et internationale : concilier l'impératif de prise en compte des victimes avec le souci bien plus ancien d'empêcher la vengeance infinie et de maintenir l'ordre social. L'étouffement de la parole des victimes, et des femmes en particulier, a été durant des siècles une condition de l'organisation et du maintien de l'ordre, notamment en France[102], mais il s'agit aussi, bien entendu, d'une problématique essentielle dans les conflits militaires internationaux. L'intérêt de la justice était alors de s'adapter à cet ordre, voire de le protéger, en s'intéressant avant tout aux coupables, en écrasante majorité des hommes, en les exhibant, eux et leur faute, leur expiation, leur repentir. L'intérêt de la justice était d'être crédible aux yeux du corps social et du coupable. Le crime était perçu par le seul prisme de l'action coupable, par les yeux et mains du délinquant et non par ceux de la victime. Cette libération de la parole des « sacrifiés », qui demande vengeance et réparation, constitue ainsi un défi majeur au regard de la longue construction historique du procès pénal. Il faut donc le réviser afin de sortir de cette crise que traversent nos institutions décrédibilisées, d'une part par le manque de moyens qui met en péril l'ensemble des procédures, d'autre part par cette défiance portée par des victimes qui demandent parfois purement et simplement l'abolition de murs porteurs de notre droit telles que la présomption

---

[102] Cf. par ex. D. Salas, *Le déni du viol. Essai de justice narrative*, Paris, Michalon, 2023.

d'innocence ou la prescription. L'intérêt de la justice peut alors constituer un principe supérieur creux qui trouverait sa substance dans la caractérisation des nouveaux rapports entre toutes les parties prenantes de la société actuelle, a fortiori encore plus dense et complexe à l'échelle internationale, avec le développement d'un intérêt commun repensé, par la maturation d'une culture mondialisée de ce qui est permis et de ce qui ne l'est pas, afin de discipliner le corps social et éviter la vengeance. Nous sommes en crise mais l'histoire montre, à défaut de dicter des réponses, que le volontarisme politique, la patience, la pédagogie autant que le travail doctrinal et jurisprudentiel, finissent toujours par payer.

L'APPROCHE SÉMANTIQUE

ALEXANDRE CIAUDO
Professeur à l'Université de Franche-Comté
Avocat à la Cour

1. « Les intérêts de la justice » constituent une expression courante en droit processuel mais dont la définition paraît difficilement perceptible. Peu d'auteurs s'y sont intéressés ; encore moins en ont esquissé les différentes dimensions. On la retrouve d'abord sous la plume de grands auteurs. En juillet 1790, Condorcet défend le principe de l'adoption d'une Constitution et son apport pour l'ensemble des Français ; il évoque les intérêts de la justice comme l'une de leurs valeurs communes[103]. En 1839, le *curé de village* de Balzac refuse d'extorquer des aveux à un accusé en opposant les intérêts de la justice humaine à celle de Dieu[104]. Le 5 juin 1899 dans le journal l'Aurore, un an et

[103] « L'étude des sciences politiques, si on leur donne pour base les principes du droit et les maximes de la raison, s'allie avec celle des autres sciences, avec le goût de la philosophie, avec l'amour des lettres. Croit-on qu'en France, à l'exemple de l'Angleterre, tout homme qui ne respectera pas avec une religieuse frayeur le mystère de la constitution, qui osera opposer le raisonnement à la routine, les intérêts de la justice à de prétendus intérêts du commerce, sera regardé comme un rêveur qu'il faut reléguer dans les universités ? », N. de Condorcet, « Sur le préjugé qui suppose une contrariété d'intérêts entre Paris et les provinces », *in Œuvres de Condorcet*, t. 10, F. Didot, 1847, p. 160.

[104] « Les intérêts de la justice humaine, reprit le curé, ne sont pas ceux qui me font agir », H. de Balzac, *Œuvres complètes de H. de Balzac*, A. Houssiaux, 1855, p. 510.

demi après sa célèbre tribune, Zola se prévaut des intérêts de la justice pour justifier le dilatoire mis en œuvre dans son propre procès[105].

2. Ces intérêts sont logiquement évoqués par les juristes. Dans son discours sur l'indépendance de l'avocat prononcé en 1693, le chancelier d'Aguesseau convoque les intérêts de la justice en exhortant les auxiliaires de justice à faire prévaloir l'équité de la Justice sur le succès judiciaire[106]. Les universitaires contemporains l'emploient tantôt pour décrire les intérêts propres à une institution juridictionnelle[107], l'amélioration de la manière de rendre la Justice[108] ou encore une notion plastique permettant de mettre en œuvre une politique pénale[109]. C'est d'ailleurs à propos de poursuites pénales qu'on retrouve la plus ancienne occurrence de l'expression dans la jurisprudence du Conseil d'Etat moderne, au sein d'un arrêté de conflit à raison de poursuites pénales contre un maire, qui évoque

---

[105] « Dès lors, est-ce que notre désir de gagner du temps ne s'explique pas ? Est-ce que nous n'avions pas raison d'user de tous les moyens légaux pour choisir notre heure, au mieux des intérêts de la justice ? Est-ce que temporiser n'était pas vaincre, dans la plus douloureuse et la plus sainte des luttes ? », E. Zola, *Oeuvres critiques*, t. 1, E. Fasquelle, 1906, p. 693.

[106] « Ne vous flattez jamais du malheureux honneur d'avoir obscurci la vérité, et plus sensibles aux intérêts de la justice qu'au désir d'une vaine réputation, cherchez plutôt à faire paroître la bonté de votre cause que la grandeur de votre esprit ». *Discours de M. le chancelier d'Aguesseau. Tome 1, Nouvelle édition, augmentée de ses instructions à son fils*, L. Boget, 1822, p. 134.

[107] J.-C. Rotoullié, « A la recherche de l'exception de recours parallèle », *RDP* 2017, p. 903.

[108] « Mais sur ce point nous ne disposons d'aucune indication précise. Il serait certainement dans l'intérêt de la justice de procéder, à l'issue d'une vingtaine d'années de mise en œuvre de cette jurisprudence, à une évaluation de ses effets », N. Polge, concl. sur CE, 9 novembre 2018, Centre hospitalier de Voiron, 419006, Arianeweb.

[109] P. Hazan, *Juger la guerre, juger l'histoire*, PUF, 2007, p. 95 et s.

l'interdiction de citer les agents du Gouvernement, de procéder à leur interrogatoire et de décerner contre eux des mandats sans l'autorisation préalable du Conseil d'Etat. Pour le préfet : « cette garantie donnée aux fonctionnaires ne blesse en rien les intérêts de la justice » (CE, 26 décembre 1827, *Jacquet*, Rec., p. 621).

3. On retrouve sans surprise la notion dans des textes plus récents, lesquels ne sont pas plus explicites sur sa signification profonde et rendent son identification délicate au regard de notions voisines telles que la bonne administration de la justice ou le droit au procès équitable, dont il conviendra de la distinguer. L'article 6§1 de la Convention européenne de sauvegarde des droits de l'homme, du 4 novembre 1950, prévoit la possibilité de restreindre la publicité des audiences lorsqu'elle « serait de nature à porter atteinte aux intérêts de la justice » ; on retrouve des dispositions similaires aux articles R. 724-17 du code de commerce et R. 1442-22-14 du code du travail à propos de la discipline des juges de tribunaux de commerce et des conseillers prud'hommaux. L'article 6§3 de la CEDH confère le droit à tout accusé d'être assisté gratuitement par un avocat commis d'office lorsque les intérêts de la justice l'exigent. L'article 53 du statut de la Cour pénale internationale (décret n° 2002-925 du 6 juin 2002) confère à son procureur le pouvoir de ne pas diligenter d'enquête s'il y a des raisons sérieuses de penser, compte tenu de la gravité du crime et des intérêts des victimes, qu'une enquête ne servirait pas les intérêts de la justice ; il peut également se dispenser d'engager des poursuites si ces dernières ne servent pas les intérêts de la justice compte tenu de toutes les circonstances, y compris la gravité du crime, les intérêts des victimes, l'âge ou le handicap de l'auteur présumé et son rôle dans le crime allégué. L'article 55 du statut reconnaît le droit à toute personne interrogée par le procureur à un défenseur commis d'office chaque fois que les intérêts de la justice l'exigent, et ce sans rémunération si elle n'en a pas les moyens. L'article 61 prévoit dans le même sens la représentation de la personne poursuivie devant la chambre préliminaire lorsque cela sert les intérêts de la justice. Enfin, l'article D. 5 du code de procédure pénale dispose qu'au cours d'une enquête pénale, policiers et gendarmes collaborent constamment dans l'intérêt de la justice.

4. La recherche du sens de l'expression se heurte immédiatement à une certaine antinomie. Dans leur encyclopédie, d'Alembert et Diderot indiquent que l'intérêt « a bien des acceptions dans notre langue : pris dans un sens absolu (...) il signifie ce qui nous fait chercher nos avantages au mépris de la justice et de la vertu, et c'est une vile ambition ». De son côté, François Gény définit la justice comme « la pensée la plus profonde d'un équilibre à établir entre les intérêts en conflit, en vue d'assurer l'ordre essentiel au maintien et au progrès de la société humaine »[110]. Si les intérêts personnels en litige s'opposent à la notion même de justice, quel pourrait-être l'intérêt de la justice elle-même ?

5. Ayant succédé au bien commun dans la pensée politique à partir du XVIIe siècle, la notion d'intérêt s'est imposée comme le seul mobile des actions humaines[111]. Elle s'est progressivement imposée comme une notion cardinale du contentieux et du droit administratif, touchant tant à la procédure à travers la notion d'accès au juge par le

---

[110] F. Gény, *Science et technique et droit privé positif : nouvelle contribution à la critique de la méthode juridique*, Sirey, t. 1, 1922, p. 49.

[111] *L'intérêt général*, rapport public annuel du Conseil d'Etat, 1999, p. 247.

prisme de l'intérêt à agir, que le fond du droit par le truchement de l'intérêt général qui constitue le cœur de la notion de service public[112]. L'identification d'un intérêt propre à la Justice conduit à interroger la notion même de justice et sa polysémie, à laquelle pourraient correspondre autant d'intérêts distincts. Selon la synthèse d'Hans Kelsen, on peut retenir trois sens différents au mot Justice : le problème de la résolution des conflits ou des valeurs, la justification de la conduite humaine, et la fonction juridique et politique de l'Etat[113].

6. Dans la conception aristotélicienne[114], la Justice peut ainsi s'entendre d'une simple vertu morale, d'un perfectionnement moral du sujet[115] ; ou au contraire, avec Georges Gurvitch, s'élever en « un équilibre par la concordance effective des prétentions des uns avec les devoirs des autres »[116]. Jean-Louis Bergel enseigne d'ailleurs en ce sens que le droit peut faire coïncider l'utile et le juste, en ce qu'il peut être indifférent à l'idée de justice en se limitant à une application technique de la règle de droit ou, au contraire, consacrer l'égalité entre les citoyens dans cette application[117]. On retient encore la distinction

---

[112] B. Stirn, « Intérêt », *in Dictionnaire de la culture juridique*, D. Alland, S. Rials (dir.), PUF, 2003, p. 837.

[113] H. Kelsen, *Qu'est-ce que la justice ? suivi de Droit et morale*, trad. de l'allemand par P. Le More, J. Plourde et C. Eisenmann, M. Haller, 2012.

[114] Aristote, *Ethique à Nicomaque*, V, 3, 1129b ; V. égal. Saint Thomas D'Aquin, *Somme théologique*, IIa IIae, Secunda Secundae, qu. 58, art. 1er.

[115] J. Dabin, *Théorie générale du droit*, 3e éd., Dalloz, 1969, p. 347 ; V. égal. G. Arkovitch, *Essai sur les rapports entre la notion de justice et l'élaboration du droit privé positif*, thèse, Arthur Rousseau, 1930, p. 26 et s.

[116] G. Gurvitch, « Droit naturel et droit positif intuitif », *APD* 1933, p. 70.

[117] J.-L. Bergel, *Théorie générale du droit*, Dalloz, 5e éd., 2012, p. 35.

entre justice morale et justices juridiques, posée par Charles Eisenmann[118]. La Justice peut enfin s'entendre comme une institution de l'Etat simplement chargée de l'exécution d'une mission de service public[119].

7. Les manifestations de la notion d'intérêts de la justice dans la jurisprudence ne sont que le reflet de la mise en œuvre des textes précités. On ne sera guère surpris de ne retrouver que quelques dizaines d'exemples dans les décisions de la Cour pénale internationale, du Conseil d'Etat, de la Cour de cassation et du Conseil constitutionnel. En revanche, plus de quatre cents arrêts de la Cour européenne des droits de l'homme y font référence. L'utilisation concrète de la notion par le juge en éclaire naturellement la signification.

8. A notre sens, les différentes occurrences de la notion d'intérêts de la justice s'attachent à ces différentes conceptions de la Justice. Il convient néanmoins – et il s'agit sans doute d'un parti pris idéologique – d'exclure les intérêts propres de l'institution judiciaire qui, en sa qualité d'organe de l'Etat, ne saurait disposer d'intérêts propres, c'est-à-dire distincts de ceux des citoyens et *a fortiori* de ceux des usagers du service public de la justice. Dans un système de justice déléguée, la justice étant rendue au nom du peuple français[120], l'organe chargé de rendre cette justice

---

[118] C. Eisenmann, « La justice dans l'Etat », *in La justice*, PUF, 1961, p. 11.

[119] G. Anton, « L'office du juge administratif », *in Le service public de la justice*, Odile Jacob, 1998, p. 146 ; M. Deguergue, « Les dysfonctionnements du service public de la justice », *RFAP* 2008, p. 151.

[120] B. Camguilhem, « « Au nom du peuple français ». Brèves remarques sur la communication des décisions du juge administratif », in *La communication des décisions du juge administratif*, P. Bourdon (dir.), LexisNexis, 2020, p. 135.

ne saurait disposer d'intérêts propres. La jurisprudence révèle alors deux acceptions distinctes et complémentaires des intérêts de la Justice : la défense d'une justice transcendantale, s'intéressant à la manière de concevoir l'idéal de justice ; la construction d'une justice procédurale, en tant qu'outil d'une solution équitable rendue par le juge. En d'autres termes, les intérêts de la justice assurent une concrétisation des conceptions kantienne et rawlsienne de la Justice.

I- La défense d'une justice transcendantale

9. La justice transcendantale emprunte à la pensée d'Emmanuel Kant qui voit dans cette idée toute connaissance qui ne porte pas en général sur les objets mais sur la manière de les connaître[121]. L'auteur explique encore que la justice n'est que la conformité aux devoirs, c'est-à-dire aux lois préétablies, le juge n'étant que la personne habilitée à prononcer une imputation exécutoire, entraînant des conséquences juridiques[122]. Montesquieu disait à la même époque et dans le même sens que la puissance de juger est nulle, les juges n'étant que la « *bouche qui prononce la parole de la loi, des êtres inanimés, qui n'en peuvent modérer ni la force ni la rigueur* »[123]. Selon cette conception romano-germanique, la justice transcendantale ne constitue qu'une délégation de l'Etat aux juges[124]. Elle se manifeste à travers la représentation bien connue de la déesse Thémis, aveugle et impartiale, dont le glaive s'abat afin de trancher le litige. Elle exprime une société juste et idéale.

---

[121] E. Kant, *Critique de la raison pure*, 1781, Introduction, § VII.
[122] E. Kant, *Métaphysique des mœurs*, 1795, Chapitre VI.
[123] Montesquieu, *De l'Esprit des lois*, 1777, Livre XI, Chapitre VI.
[124] L. Cadiet, « La justice face aux défis du nombre et de la complexité », *Les cahiers de la justice*, 2010, p. 13.

10. Dans cette conception, les intérêts de la justice visent à imposer un certain nombre d'impératifs dans le procès qui portent tant sur les juges que sur les justiciables. Ils visent à rebours à restreindre la mise en œuvre de la justice afin d'en préserver l'esprit et de prévenir une application mécanique de la justice, notamment pénale.

A) La consécration d'impératifs de justice

11. L'idéal de justice suppose d'abord une moralité irréprochable de la part de celui chargé de la rendre. En ce sens, le Conseil d'Etat a pu rejeter le recours formé par un magistrat judiciaire à l'encontre de l'arrêté du Garde des Sceaux ordonnant sa suspension provisoire de fonction au motif qu'il avait admis un journaliste à assister à des interrogatoires dans son bureau, dont un compte-rendu a été donné dans un hebdomadaire, une telle décision ayant été prise dans l'intérêt de la justice[125]. Les juges polonais ont dénoncé leur éviction devant la CEDH en arguant que seule une incompatibilité entre les intérêts de la justice et l'exercice de leur mandat pouvait justifier qu'ils soient démis de leurs fonctions[126] et que l'autorisation d'exercer leurs fonctions au-delà de l'âge de la retraite doit être prise en fonction d'impératifs liés aux intérêts de la justice[127]. La Cour de cassation souligne encore que les juges sont, comme les avocats, tenus au respect du secret médical, et ce dans l'intérêt de la justice[128]. Une cour d'appel ne peut par suite pas s'abriter derrière l'intérêt de la justice pour refuser d'écarter des débats un document produit en violation du secret médical[129].

---

[125] CE, 19 janvier 1977, *Dujardin*, 97866, Rec.
[126] CEDH, 29 juin 2021, *Broda et Bojara c/ Pologne*, 26691/18, § 105.
[127] CEDH, 24 octobre 2023, *Pajak c/ Pologne*, 25226/18, §120.
[128] Cass. civ. 1re, 29 mars 1978, n°76-15.422, Bull. civ. I, n°127.
[129] Cass. civ. 1re, 12 janvier 1999, n°96-20.580, Bull. civ. I n°18.

12. La même moralité est exigée des justiciables ; la Cour de Strasbourg estime en ce sens que les sanctions disciplinaires infligées aux justiciables afin de réprimer leurs comportements déplacés ont pour but de protéger les intérêts de la justice[130].

13. On retrouve également cette idée dans les règles imposées par le juge aux parties au procès et sur lesquelles elles ne peuvent disposer d'aucune influence dès lors qu'elles visent à concrétiser l'idéal de justice. La Cour de cassation refuse ainsi aux parties la possibilité de renoncer à soulever des exceptions de nullité lorsque ces dernières sont d'ordre public et ont été édictées dans l'intérêt de la justice[131]. Elle estime justifié le refus d'une juridiction d'accorder un sursis à statuer dès lors qu'il était de l'intérêt de la justice qu'il soit statué au plus vite sur les demandes des parties[132]; elle prononce à l'inverse un sursis à statuer dans l'intérêt de la justice dans le cas où le prévenu, auteur du pourvoi, a été privé de ses facultés intellectuelles et ne peut communiquer avec son avocat[133]. La portée de la cassation d'un arrêt de la chambre d'accusation a été étendue à toutes les parties à la procédure pénale qui ne s'étaient pas pourvues devant la chambre criminelle de la Cour de cassation, et ce dans l'intérêt de la justice[134].

B) La restriction de l'exercice de la justice

14. L'idéal de justice peut en revanche impliquer une restriction de sa mise en œuvre, notamment en matière pénale. On retrouve ici le célèbre adage de Cicéron

---

[130] CEDH, 7 juin 2005, *Chmelir c/ République Tchèque*, 64935/01, §65.
[131] Cass. com., 23 octobre 1985, n°85-10.531, Bull. civ. IV, n°247.
[132] Cass. civ. 2e, 19 juin 1968, Bull. n°180.
[133] Cass. crim., 5 juin 1997, n°96-82.783, Bull. crim. n°228.
[134] Cass. crim., 26 septembre 1995, n°95-83.071, Bull. crim. n°283.

Summum jus, summa injuria[135] (l'application excessive du droit conduit à l'injustice), dont Voltaire déduisait que la justice est bien souvent très injuste[136].

15. Les intérêts de la justice peuvent en ce sens justifier une restriction de l'accès au dossier d'instruction. La Cour européenne des droits de l'homme fonde le secret de l'instruction sur les intérêts de la justice ; elle en déduit qu'une partie civile, non représentée par choix par un avocat, et non soumise aux mêmes obligations de secret professionnel, ne peut reprocher à l'Etat les restrictions qui lui sont opposées dans l'accès au dossier d'instruction[137]. En revanche, ces mêmes intérêts justifient l'inconventionnalité des dispositions pénales roumaines qui excluaient la possibilité pour l'avocat d'une partie civile d'accéder au dossier d'instruction[138] et du refus de juges d'instruction portugais de laisser l'accès au dossier à la personne poursuivie[139]. Les intérêts de la justice n'imposent pas davantage un accès immédiat au dossier d'instruction dès avant le premier interrogatoire par le juge d'instruction, l'accès pouvant être prévu lorsqu'une juridiction est appelée à se prononcer sur le bien-fondé de l'accusation[140].

16. Plus encore, la Cour relève que la décision d'un procureur d'engager ou de réengager des poursuites

---

[135] Cicéron, *Des Devoirs*, livre I, X, 33.
[136] Voltaire, *Justice, Questions sur l'Encyclopédie*, septième partie, 1771.
[137] CEDH, 14 juin 2005, *Menet c/ France*, 39553/02, § 50.
[138] CEDH, 4 octobre 2007, *Forum maritime SA c/ Roumanie*, 63610/00, § 134.
[139] CEDH, 12 juin 2018, *Fernandes Pedroso c/ Portugal*, 59133/11, §117 ; CEDH, 3 mars 2020, *Filkin c/ Portugal*, 69729/12, § 88.
[140] CEDH, 9 avril 2015, *A. T. c/ Luxembourg*, 30460/13, §79.

abandonnées peut reposer sur les intérêts de la justice[141]. C'est précisément cette idée que l'on retrouve en droit pénal international. On l'a vu, l'article 53 du statut de la Cour pénale internationale confère à son procureur la possibilité de ne pas diligenter d'enquête ou de ne pas engager de poursuites si les intérêts de la justice ne sont pas servis par de telles enquêtes ou poursuites. Il est révélateur que le Document de politique générale relatif aux intérêts de la justice du Procureur de la Cour de 2007 ne détaille pas le sens de ces intérêts de la justice. Les auteurs ayant présenté ce dispositif ne se risquent pas davantage à en proposer une définition[142]. Tout au plus Mireille Delmas-Marty critique-t-elle les critères « très équivoques » de mise en œuvre de la notion qui figurent à cet article 53[143]. On relève que le procureur n'a à ce jour jamais mis en œuvre un tel pouvoir.

17. La Chambre préliminaire II de la Cour a pu préciser dans une décision du 31 mai 2010, à propos du Kenya, que lorsqu'il sollicite la mise en œuvre d'une enquête, le procureur n'a pas à justifier qu'une enquête sert les intérêts de la justice ; il n'a à le faire que s'il refuse de diligenter une telle enquête. Dans sa décision du 12

---

[141] CEDH, 7 février 2023, *Miladinova c/ Bulgarie*, 31604/17, § 36.

[142] M. Delmas-Marty, « La CPI et les interactions entre droit international pénal et droit pénal interne à la phase d'ouverture du procès pénal », *RSC* 2005, p. 473 ; G. Guidicelli-Delage, « Poursuivre et juger selon « les intérêts de la justice » : complémentarité ou / et primauté ? », *RSC* 2007, p. 473 ; C. Magnoux « *The Sound of Silence* : le pouvoir discrétionnaire du Procureur de la Cour pénale internationale à travers l'utilisation du critère des intérêts de la justice et de gravité lors de l'ouverture d'une enquête », *Revue québécoise de droit international*, hors-série, décembre 2017, p. 9.

[143] M. Delmas-Marty, « Quel procureur et quel juge ? Poursuivre et juger selon les « intérêts de la justice » », *Conférence au collège de France*, 19 mars 2007, podcast sur le site Internet du Collège de France.

avril 2019, la même chambre préliminaire a refusé l'ouverture d'une enquête en Afghanistan au motif qu'elle ne servirait pas les intérêts de la justice et en a proposé une définition : « le sens de l'intérêt de la justice en tant que facteur susceptible d'empêcher l'exercice du pouvoir discrétionnaire de poursuivre doit être trouvé dans les objectifs primordiaux qui sous-tendent le Statut : la poursuite effective des crimes internationaux les plus graves, la lutte contre l'impunité et la prévention des atrocités de masse. Tout concourt à dire qu'une enquête ne servirait, à tout le moins, l'intérêt de la justice que si, de façon prospective, elle semble pouvoir aboutir à une enquête efficace et à des poursuites dans un délai raisonnable ». On retrouve ici l'idée d'une justice transcendantale. On précisera que, sur l'appel du procureur, la Chambre d'appel a infirmé cette décision en considérant que la chambre préliminaire ne pouvait procéder à un tel contrôle qui revient au seul procureur. Elle doit se limiter à l'examen des faits et s'assurer qu'ils relèvent bien de la compétence de la cour[144].

II- La construction d'une justice procédurale

18. A rebours de la défense d'une justice idéale, les intérêts de la justice concourent à la construction d'une justice procédurale. On retrouve ici la pensée de John Rawls pour qui le Juste ne peut résulter que de la délibération dans une condition d'équité absolue : « la justice procédurale pure s'exerce quand il n'y a pas de

[144] K. Mariat, « Justice transitionnelle extrajudiciaire, Cour pénale internationale et intérêts de la justice », *RSC* 2020, p. 543 ; A. Gogorza, « Les intérêts de la justice : tribulations procédurales d'une notion à propos de l'enquête pénale internationale », *Droit pénal* 2020, étude 29 ; A.-O. Adjako, « Les intérêts de la justice : un critère juridique paradoxal de poursuite des crimes internationaux devant la Cour pénale internationale », *Lexsociété*, 2023.

critère indépendant pour déterminer le résultat concret ; au lieu de cela, c'est une procédure correcte ou équitable qui détermine si un résultat est également correct ou équitable, quel qu'en soit le contenu, pourvu que la procédure ait été correctement appliquée »[145]. En suivant strictement la procédure, le juge n'a pas besoin d'une fondation transcendantale, de définir au préalable le Juste ou de présupposer le bien. La justice tire la preuve de son existence de la procédure équitable utilisée pour adopter la décision[146]. La justice est raisonnée car elle suit une procédure. C'est dans ce sens que Paul Ricœur a pu expliquer que l'échange d'arguments dans le procès entre les parties permet d'écarter la violence au profit du langage et du discours[147] ; elle proscrit la vengeance, tout comme le désordre social en mettant les protagonistes à distance et en apaisant les rapports sociaux[148]. L'idée de justice constitue donc bien « une conquête de la raison »[149].

19. Cette justice procédurale permet précisément de distinguer les intérêts de la justice du droit au procès équitable[150], lequel constitue la synthèse d'un ensemble de droits procéduraux, énumérés à l'article 6§1 de la CEDH ; les intérêts de la justice apparaissent comme une condition

---

[145] J. Rawls, *Théorie de la justice*, Ed. Points, 2009, p. 118.

[146] G. Timsit, « L'invention de la légitimité procédurale », *Mélanges Jean-Paul Costa*, Dalloz, 2011, p. 635.

[147] P. Ricoeur, *Le Juste 2*, Ed. Esprit, 2001, p. 259.

[148] P. Ricoeur, *Le Juste*, Ed. Esprit, 1995, p. 12.

[149] P. Ricoeur, « Le juste entre le légal et le bon », *in Lectures autour du Politique*, Seuil, 1991, p. 177.

[150] V. par ex. : J. Pradel, « La notion de procès équitable en droit pénal européen », *Revue générale du droit*, 1996, p. 505 ; F. Julien-Laferrière, « Procédure administrative contentieuse et procès équitable : le difficile dialogue entre la Cour européenne des droits de l'homme et le Conseil d'Etat », *Mélanges Gilles Darcy*, Bruylant, 2012, p. 449.

de la mise en œuvre de ces droits procéduraux au service d'une justice équitable. Ces intérêts se distinguent encore de la notion de bonne administration de la justice, parfois qualifiée de notion indéterminée[151], fuyante[152], gigogne[153], un standard précisément en raison de son indétermination[154], ou plus fréquemment comme une notion fonctionnelle justifiant la mise en œuvre de techniques juridictionnelles et de dérogations à la règle de droit dont l'application mécanique conduirait à des résultats aberrants[155]. Jacques Robert explique avec justesse les deux sens que l'on peut donner à l'expression : « Dans un sens étroit, la bonne administration de la justice devrait être comprise comme un objectif à atteindre, comme une finalité que servirait l'emploi de moyens techniques appropriés. Au nom de cette finalité, pourraient être tolérées un certain nombre d'entorses aux

---

[151] B. Bertrand, « Prolégomènes sur la bonne administration de la justice en droit public », *in L'ambivalence de la bonne administration de la justice*, B. Bertrand, L. Coutron, P. Idoux (dir.), CREAM 2017, p. 29.

[152] P. Gonod, « Introduction à la notion de bonne administration de la justice en droit public », *Justice et cassation* 2013, p. 31.

[153] N. Laval, « La bonne administration de la justice », *LPA* 12 août 1999, p. 12.

[154] M. Unau, « Le label de la bonne administration de la justice », et M. Lei, « La justice bien administrée, une justice uniforme ? Réflexions à partir de la justice administrative », *in La bonne administration de la justice*, M.-F. Bénard, J. Esquenazi, C. Serrano (dir.), Cergy Université, 2023, p. 51 et 89 ; V. sur la notion de standard S. Rials, *Le juge administratif français et la technique du standard*, thèse, LGDJ, BDP, t. 135, 1980, p. 120.

[155] R. Chapus, « Georges Vedel et l'actualité d'une « notion fonctionnelle » : l'intérêt d'une bonne administration de la justice », *RDP* 2003, p. 13 ; J.-M. Favret, « La « bonne administration de la justice » administrative », *RFDA* 2004, p. 943 ; O. Gabarda, « L'intérêt d'une bonne administration de la justice », *RDP* 2006, p. 153 ; A. Meynaud, « La bonne administration de la justice et le juge administratif », *RFDA* 2013, p. 1029.

postulats et principes traditionnels. Des décisions dérogatoires ou exorbitantes seraient admises en vue de rendre plus aisés ou plus harmonieux l'organisation et le fonctionnement de la justice. Mais on peut donner à l'expression un sens plus large. Elle engloberait alors l'ensemble des critères et conditions que doit remplir toute justice pour être bien administrée. On passerait de la *notion-justification* à la *notion-ambition* »[156].

20. On retrouve d'ailleurs la notion dans plus de 1.000 décisions de la CEDH dans lesquelles elle renvoie à une organisation des institutions juridictionnelles jugée satisfaisante au regard d'un référentiel d'objectifs donné[157]. Dans la jurisprudence de la Cour de Strasbourg, les intérêts de la justice ne visent pas à déroger à des règles établies ou à structurer une organisation juridictionnelle mais à assurer une justice procédurale qui repose sur la garantie d'un accès au juge et sur la préservation de l'image de la justice.

A) La garantie d'un accès à la justice

21. L'accès à la justice reste avant tout conditionné, notamment en matière pénale, à l'assistance du prévenu par un avocat. La Cour de cassation rappelle en ce sens les stipulations de l'article 6§3 de la CEDH qui confèrent le droit de se défendre ou de disposer de l'assistance d'un défenseur de son choix ou, s'il n'en a pas les moyens,

---

[156] J. Robert, « La bonne administration de la justice », *AJDA* 1995, n° spécial, p. 117.

[157] H. Apchain, « Retour sur la notion de bonne administration de la justice », *AJDA* 2012, p. 587 ; J.-B. Picard, « La bonne administration de la justice dans la jurisprudence européenne des droits de l'homme », *in La bonne administration de la justice*, M.-F. Bénard, J. Esquenazi, C. Serrano (dir.), Cergy Université, 2023, p. 148.

gratuitement par un avocat commis d'office, lorsque les intérêts de la justice l'exigent[158].

22. Dès ses premières décisions, la Cour de Strasbourg a logiquement souligné le caractère relatif de ce droit en estimant que la restriction de l'accès à un avocat commis d'office devait se concilier avec les intérêts de la justice notamment au regard de la simplicité des faits reprochés à la personne poursuivie[159]. La Cour a ensuite posé des critères afin de déterminer si les intérêts de la justice justifient la désignation d'un avocat commis d'office : la gravité de l'infraction reprochée à la personne poursuivie et la sévérité de la sanction encourue d'une part ; la complexité de l'affaire d'autre part[160], avant de considérer que la désignation d'un avocat commis d'office est requise dès lors que la défense du requérant, au vu de la procédure dans son ensemble, s'en est trouvée lésée[161]. Elle a ajouté que lorsqu'une privation immédiate de liberté se trouve en jeu, les intérêts de la justice exigent par principe une représentation par un conseil[162].

23. Les intérêts de la justice font par suite peser diverses obligations sur l'Etat : renvoyer l'affaire à une audience ultérieure si la personne poursuivie n'est pas assistée par un conseil et le demande[163], désigner un tel conseil si les capacités intellectuelles ou physiques du

---

[158]Cass. crim., 8 janvier 2013, n°12-86.876, Bull. crim. n°7 ; Cass. crim., 17 décembre 2013, n°13-86.429.

[159] CEDH, 8 juin 1976, *Engel c/ Pays-Bas*, 5100/71, §91.

[160] CEDH, 24 mai 1991, *Quaranta c/ Suisse*, 12744/87, §32 ; CEDH, 27 mars 2007, *Talat Tunc c/ Turquie*, 32432/96, §55 ; CEDH, 10 août 2006, *Padalov c/ Bulgarie*, 54784/00, § 55 ; CEDH, 22 octobre 2009, *Raykov c/ Bulgarie*, 35185/03, §59.

[161] CEDH, 28 mars 2023, *Hamdani c/ Suisse*, 10644/17, §30.

[162] CEDH GC, 10 juin 1996, *Benham c/ Royaume-Uni*, 19380/92, §59.

[163] CEDH, 4 novembre 2010, *Katritsch c/ France*, 22575/08, §31.

prévenu sont affectées[164], ou si son avocat est manifestement défaillant[165], ne pas empêcher l'assistance de l'avocat choisi par la personne poursuivie[166], ne pas empêcher les contacts entre l'accusé et son avocat commis d'office[167] et, à l'évidence, que l'intéressé soit informé avant l'audience pénale de la désignation d'un avocat commis d'office[168]. Les intérêts de la justice peuvent ainsi conduire à la désignation d'un avocat commis d'office contre la volonté de l'accusé[169].

24. Au regard des enjeux d'un dossier de cassation et de la nouveauté des questions posées au juge de cassation, les intérêts de la justice peuvent exiger d'accorder au requérant l'assistance d'un avocat d'office[170]. Ils n'imposent en revanche aucunement aux Etats de remettre en cause le monopole de la représentation par des avocats aux Conseils devant leurs cours suprêmes[171].

25. L'octroi de l'aide juridictionnelle ne constitue pas davantage un droit absolu. Si une personne poursuivie en matière pénale a déjà bénéficié de cette aide en première instance, les intérêts de la justice n'exigent pas qu'elle lui soit de nouveau accordée en cause d'appel à défaut de

---

164 CEDH, 30 janvier 2001, *Vaudelle c/ France*, 35683/97, §59 ; CEDH, 14 octobre 2008, *Timergaliyev c/ Russie*, 40631/02, §59.
165 CEDH, 20 janvier 2009, *Guvec c/ Turquie*, 70337/01, §131.
166 CEDH GC, 20 octobre 2015, *Dvorski c/ Croatie*, 25703/11, §79.
167 CEDH, 18 janvier 2022, *Atristain Gorosabel c/ Espagne*, 15508/15, §43.
168 CEDH, 28 novembre 2006, *Flandin c/ France*, 77773/01, §36.
169 CEDH GC, 4 avril 2018, *Correia de Matos c/ Portugal*, n° 56402/12, §121.
170 CEDH, 13 mai 1980, *Artico c/ Italie*, 6694/74, §34 ; CEDH, 25 avril 1983, *Pakelli c/ Allemagne*, 8398/78, §40 ; V. égal. CEDH, 25 septembre 1992, *Pham Hoang c/ France*, 13191/87, §39.
171 CEDH GC, 26 juillet 2002, *Meftah c/ France*, 32911/96, §45.

chance objective de succès[172]. La gravité de la peine infligée en première instance et l'aptitude limitée d'un appelant non représenté à exposer des arguments juridiques au regard de la complexité de l'affaire doivent en revanche conduire l'Etat à accorder l'aide juridictionnelle pour l'exercice de l'appel[173] et d'un pourvoi en cassation[174].

26. Plus encore, la législation interne peut parfaitement prévoir une prise en charge des frais d'avocat en matière pénale puis un remboursement de ces frais en cas de condamnation[175]. S'agissant des autres frais de justice supportés par les parties, les intérêts de la justice imposent également la prise en charge par l'Etat des frais d'interprète de la personne poursuivie au pénal[176] et la modération de frais de procédure trop importants[177].

B) La préservation de l'image de la justice

27. La publicité des audiences participe d'une justice procédurale, laquelle est rendue à la vue des justiciables. On ne sera pas surpris qu'un requérant devant le Conseil d'Etat sollicite l'enregistrement d'une séance de jugement « dans l'intérêt de la justice et de la société »[178]. Dans le même sens, la comparution d'un prisonnier à l'audience, en qualité de partie civile peut être jugée indispensable

---

[172] CEDH, 2 mars 1987, *Monnell et Morris c/ Royaume-Uni*, 9562/81, §67 ; V. pour de telles chances de succès CEDH, 28 mars 1990, *Granger c/ Royaume-Uni*, 11932/86, §44.
[173] CEDH, 28 octobre 1994, *Boner c/ Royaume-Uni*, 18711/91, §36.
[174] CEDH, 9 juin 1998, *Twalib c/ Grèce*, 24294/94, §52 ; CEDH, 26 septembre 2000, *Biba c/ Grèce*, 33170/96, §27.
[175] CEDH, 25 septembre 1992, *Croissant c/ Allemagne*, 13611/88, §34.
[176] CEDH, 28 novembre 1978, *Luedicke c/ Allemagne*, 6210/73, §43.
[177] CEDH, 19 juin 2001, *Kreuz c/ Pologne*, 28249/95, §61.
[178] CE, 2 décembre 2020, n°446622.

lorsque les intérêts de la justice le requièrent. C'est notamment le cas lorsque la partie peut apporter son témoignage, fondé sur sa propre expérience, susceptible de clarifier les circonstances faisant l'objet du litige[179].

28. Les juges mobilisent fréquemment les intérêts de la justice à propos de la possibilité de prononcer un huis clos à l'audience, lorsque la publicité de l'audience est de nature à les affecter. Une telle référence se retrouve notamment à l'article 57 de la loi organique n° 58-1270 du 22 décembre 1958 relative au statut de la magistrature[180] et à l'article 6§1 de la CEDH. Ces intérêts ne sauraient autoriser par principe le prononcé du huis clos pour toute affaire disciplinaire concernant un avocat[181], mais tel est le cas pour les requêtes en dessaisissement d'un juge pour cause de suspicion légitime[182]. Tous les acteurs du procès ne sont pas affectés de la même manière par les intérêts de la justice, et cela est bien logique.

29. Sur ce point, la jurisprudence de la Cour de Strasbourg est à nouveau éclairante. En matière de discipline pénitentiaire, les intérêts de la justice n'exigent pas, eu égard à la difficulté d'admettre le public dans l'enceinte de l'établissement, une publicité des

---

179 CEDH, 17 septembre 2009, *Kozlov c/ Russie*, 30782/03, § 38.
180 V. not. CC, 19 juin 2001, 2001-445 DC, Loi organique relative au statut des magistrats et au Conseil supérieur de la magistrature ; CE, 14 avril 2005, 279473 ; CE, 26 octobre 2005, 278224 ; CE, 21 octobre 2009, 312928.
181 Cass. civ. 1re, 25 avril 1989, n°87-14.964, Bull. civ. I, n°165 ; Cass. civ. 1re, 15 novembre 1989, n°87-20.045, Bull. civ. I, n°346 ; V. égal. CEDH, 15 décembre 2005, *Hurter c/ Suisse*, 53146/99, §30.
182 Cass. crim., 20 septembre 1989, n°89-83.954, Bull. crim. n°324 ; Cass. soc., 21 mars 2006, n°04-44.621, Bull. civ. V, n°115.

audiences[183]; le secret de l'instruction justifie également l'absence de publicité des débats devant les juridictions d'instruction[184]. En matière pénale, ces intérêts peuvent justifier un huis clos afin de protéger un témoin ou sa vie privée ou de promouvoir le libre-échange d'informations et d'opinions, ce qui est le cas pour un retrait de la garde d'enfants[185]. En revanche la technicité du jugement des comptes ne saurait justifier par principe un jugement à huis clos[186]; le raisonnement est identique pour les procédures de confiscation de biens et de capitaux[187], les demandes en indemnisation pour détention préventive abusive[188], la procédure disciplinaire à l'encontre d'un fonctionnaire de police[189] ou d'un magistrat[190], ainsi que les affaires relevant du tribunal arbitral du sport[191].

30. La seule allégation de la préservation d'un secret protégé par la loi – notamment le secret défense – ne saurait justifier par principe une dérogation à la publicité des débats[192].

31. En définitive, alors que le procès équitable synthétise un ensemble de droits procéduraux, que la

---

[183] CEDH, 28 juin 1984, *Campbell et Fell c/ Royaume-Uni*, 7819/77, §86.
[184] CEDH, 15 juillet 2003, *Ernst c/ Belgique*, 33400/96, §66.
[185] CEDH, 24 avril 2001, *B. et P. c/ Royaume-Uni*, 36337/97, § 37.
[186] CEDH GC, 12 avril 2006, *Martinie c/ France*, 58675/00, §40.
[187] CEDH, 13 novembre 2007, *Bocellari et Rizza c/ Italie*, 399/02, §35.
[188] CEDH, 10 avril 2012, *Lorenzetti c/ Italie*, 32075/09, §30.
[189] CEDH, 17 décembre 2013, *Nikolova et Vandova c/ Bulgarie*, 20688/04, §68.
[190] CEDH, 21 juin 2016, *Ramos Nunes de Carvalho c/ Portugal*, 55391/13, §93.
[191] CEDH, 2 octobre 2018, *Mutu et Pechstein c/ Suisse*, 40575/10, §176.
[192] CEDH, 17 décembre 2013, *Nikolova et Vandova c/ Bulgarie*, 20688/04, §68 ; CEDH, 19 octobre 2021, *Kartoyev c/ Russie*, 9418/13, §57.

bonne administration de la justice justifie des dérogations à des règles procédurales ou la mise en place d'une organisation juridictionnelle jugée satisfaisante au regard d'un référentiel d'objectifs donné, les intérêts de la justice assurent la concrétisation de la notion même de justice, qu'on l'entende dans son acception morale ou procédurale. Non sans superlatif, dans son *Droit pur*, Edmond Picard, estime que la justice est la destinée sociale du droit, sa téléologie, la réalisation d'une harmonie juridique[193]. La notion d'intérêts de la justice constitue assurément un outil permettant la concrétisation de cet idéal.

[193] E. Picard, *Le droit pur*, Flammarion, 1908, p. 301.

DEUXIÈME PARTIE

POURSUIVRE SELON LES INTÉRÊTS DE LA JUSTICE

LES INTÉRÊTS DE LA JUSTICE FACE À CEUX DE LA PRESSE

EVAN RASCHEL
Professeur à l'Université Clermont Auvergne

1. Le conflit qui peut opposer les intérêts de la justice à ceux de la presse est généralement aisé à résoudre : en fonction des cas, les intérêts de l'une ou de l'autre s'imposent assez naturellement. En tous les cas, il n'y a aucune raison de privilégier par principe les intérêts de la justice sur ceux de la presse (ou inversement), l'autorité judiciaire, comme ce « quatrième pouvoir » qu'est la presse ont chacune une place à part et un rôle primordial dans les démocraties occidentales. Or, la détermination de la protection la plus légitime est parfois très délicate. A cet égard, deux axes, deux intérêts potentiellement contradictoires méritent d'être mis en avant. Il s'agit à titre principal des secrets de la procédure (I) et de manière plus secondaire de la réputation de la justice et des personnes qui y concourent (II).

I- Le secret comme source d'opposition entre les intérêts de la justice et ceux de la presse

2. La justice et la presse ont toutes deux intérêt à protéger certains secrets des indiscrétions de l'autre... plus précisément : face à la presse, la justice a intérêt à préserver certains secrets – secrets de l'enquête et de l'instruction notamment – (A) ; à l'opposé, face à la justice, la presse a intérêt à préserver d'autres secrets – secret des sources notamment – (B).

A) Face à la presse, la justice a intérêt à préserver certains secrets (secrets de procédure)

3. Pour présenter les choses de manière très schématique, dans la phase préparatoire du procès, l'intérêt de la justice au secret l'emporte, d'une manière peut-être excessive, sur les intérêts de la presse (1). En revanche, au stade du procès lui-même (du moins l'audience, car le délibéré reste confidentiel), la justice n'a plus intérêt au secret (sauf cas particulier) et doit même s'ouvrir, au regard du principe de publicité, permettant aux intérêts de la presse notamment de prévaloir (2). Cette distinction ne manque pas d'interpeller : la confiance du public dans l'institution de la justice et la compréhension de ses décisions, seront-elles assurées si tout ce qui précède le procès demeure inconnu ?

1) Au stade de l'enquête et de l'instruction

4. Principe. L'alinéa 1er de l'article 11 du Code de procédure pénale énonce, à titre de principe, que « *la procédure au cours de l'enquête et de l'instruction est secrète* »[194]. L'atteinte ainsi portée à la liberté de communication n'est pas disproportionnée au regard de l'article 11 de la DDHC, dans la mesure notamment où les dispositions concernées « *ne privent pas les tiers, en particulier les journalistes, de la possibilité de rendre compte d'une procédure pénale et de relater les différentes étapes d'une enquête et d'une instruction* »[195].

---

[194] Il y a quelques brèches dans le secret de l'instruction. Par exemple, le débat contradictoire devant le JLD relatif au placement en détention provisoire est en principe public (art. 145, al. 6 CPP).
[195] Cons. const., 2 mars 2018, n° 2017-693 QPC, § 9.

Ce principe est d'abord justifié par la recherche d'efficacité de la procédure et l'impératif de manifestation de la vérité. Comment imaginer que les actes d'investigations liés aux enquêtes et instructions se déroulent convenablement, si les différentes personnes concernées en sont averties et tenues au courant ? Garçon le relevait : la diffusion intempestive de renseignements sur l'avancée des investigations permettrait la disparition d'éléments de preuve ou documents compromettants[196]. Il s'agit ensuite de préserver la justice d'un spectacle qui lui ferait perdre sa dignité et sa retenue[197] - la création en 1958 de l'article 11 du Code fit précisément suite à un scandale lié au traitement médiatique d'un homicide. Il s'agit enfin de limiter les atteintes à la présomption d'innocence que ne manquerait pas de causer l'imputation à des personnes identifiées des faits objets de la procédure[198].

Malgré cela, remarquons une importante scission entre la théorie et la pratique d'un secret confinant à un « *secret de polichinelle* »[199] selon l'expression de Garraud, à « *une fable à laquelle plus personne ne croit* » selon un discours prononcé devant la Cour de cassation le 7 janvier 2009 par le président Sarkozy (un fin connaisseur des procédures pénales).

---

[196] E. Garçon, Les problèmes posés par la publicité donnée aux actes criminels et aux procédures pénales : RIDP 1961, p. 197, spéc. p. 212.
[197] R. Merle et A. Vitu, Traité de droit criminel, t. 2, Procédure pénale, Cujas, 5e éd., 2001, n° 330 ; O. Dufour, Justice et médias. La tentation du populisme, LGDJ, coll. Forum, 2019.
[198] P. Le Monnier de Gouville, Secret de l'instruction, droit à l'information et présomption d'innocence, in T. Bonneau et A. Lepage (dir.), Information, numérique et innovations, éditions Panthéon-Assas, 2020, p. 397 et s. En ce sens, V. not. CEDH, gd ch., 7 févr. 2012, n° 39954/08, Axel Springer AG c/ Allemagne, § 80.
[199] R. Garraud, Traité théorique et pratique d'instruction criminelle et de procédure pénale, Sirey, 3e éd., 1912-1928, t. III, n° 768.

5. Cas particulier de la publication par le procureur de la République d'éléments objectifs tirés de la procédure (article 11, alinéa 3 du Code de procédure pénale). Depuis la loi du 15 juin 2000, il est prévu à titre exceptionnel qu'une communication publique[200] par le procureur de la République, révélant certains éléments de la procédure d'enquête ou d'instruction, puisse – c'est une faculté et non un devoir - être faite si les circonstances l'exigent[201]. Le contenu d'une telle communication est extrêmement restrictif, puisqu'il ne s'agit que de « *rendre publics des éléments objectifs tirés de la procédure ne comportant aucune appréciation sur le bien-fondé des charges retenues contre les personnes mises en cause* » (mises en cause judiciairement et non médiatiquement[202]). Ce texte paraît respecter les exigences posées par la Cour européenne des droits de l'homme, pour qui les autorités doivent pouvoir renseigner le public sur les affaires pénales en cours, à condition qu'elles le fassent « *avec toute la discrétion et toutes les réserves que commande la présomption d'innocence* »[203]. Les finalités alternatives d'une telle communication sont précisées par l'article 11, alinéa 3 : éviter la propagation d'informations parcellaires ou inexactes, mettre fin à un trouble à l'ordre public, et,

---

[200] D'autres textes permettent la communication d'informations à d'autres autorités, notamment les art. 11-1 et 11-2 CPP.

[201] V. Peltier, Le traitement de l'information pendant l'instruction préparatoire : exégèse de l'article 11, alinéa 3 du Code de procédure pénale : Droit pénal 2008, étude 16 ; E. Roux-Morizot, La communication médiatique du Procureur de la République, in C. Courtin, F. Ghelfi et C. Porteron (dir.), Presse et procès pénal, L'Harmattan, 2020, p. 85 et s.

[202] Sur le tribunal médiatique, V. notamment et récemment : G. Cerqueira, Le tribunal médiatique, in Mélanges Jean-François Renucci : Dalloz, 2024, p. 171 et s.

[203] CEDH, ch., 10 févr. 1995, n° 15175/89, Allenet de Ribemont c/ France, § 36.

depuis un ajout de la loi « *confiance* » de décembre 2021[204], « tout autre impératif d'intérêt public ». Il en résulte que ce ne sont pas vraiment les intérêts de la presse qui justifient cette ouverture, plutôt les intérêts de la justice elle-même et plus largement l'intérêt général.

6. La pénalisation de la violation du secret de l'enquête et de l'instruction. En dehors de cette hypothèse exceptionnelle, l'alinéa 2 de l'article 11 du Code de procédure pénale prévoit que toute violation du secret est constitutive d'une infraction pénale[205]. Si cette pénalisation concerne exclusivement les personnes qui étaient tenues au secret de l'enquête et de l'instruction et qui ont méconnu leur obligation, plusieurs autres incriminations pourront prolonger la protection des secrets de procédure, en visant cette fois des personnes qui n'y sont pas directement tenues.

7. Journalisme et révélations de faits couverts par le secret de l'enquête et de l'instruction. Bien qu'ils ne soient pas les seuls, ce sont essentiellement les journalistes qui, comme tiers à la procédure, sont concernés[206]. Comme le résumait un haut magistrat, « *Ce qui est violation du secret professionnel et manquement à la déontologie pour l'un* [le magistrat] *devient salutaire curiosité pour l'autre* [le journaliste] »[207]. En l'état actuel des choses, la confrontation entre ces impératifs tourne nettement à

[204] Loi n° 2021-1729 du 22 décembre 2021 pour la confiance dans l'institution judiciaire.
[205] CP, article 434-7-2.
[206] V. plus largement sur ce sujet : A. Dejean de la Bâtie, La juste place du journaliste dans l'enquête pénale : D. 2022, n° 4, p. 178.
[207] J.-L. Nadal, Justice et information, in Justice et cassation, Dalloz, 2006, p. 86 et s. Adde V. Bouchard, Investigations procédurales et investigations journalistiques ou le secret de l'enquête et de l'instruction versus la liberté de la presse, in C. Courtin, F. Ghelfi et C. Porteron (dir.), Presse et procès pénal, L'Harmattan, 2020, p. 35 et s.

l'avantage de la protection du secret de l'instruction. Certes, le droit à l'information a parfois été invoqué avec succès. Ainsi la loi du 2 juillet 1931 qui interdisait de « *publier, avant décision judiciaire, toute information relative à des constitutions de parties civiles* », fut abrogée par la loi « Perben 2 » n° 2004-204 du 9 mars 2004, à la suite d'une condamnation (pour violation de l'article 10 de la Convention) de la Cour européenne qui releva qu'il s'agissait d'une « *interdiction de publication générale et absolue visant tout type d'information* », qui « *entrave de manière totale le droit pour la presse d'informer le public sur des sujets qui, bien que concernant une procédure pénale avec constitution de partie civile, peuvent être d'intérêt public* »[208]. Mais cette condamnation puis cette abrogation ne sont pas représentatives du droit positif, qui maintient des mécanismes de répression issus à la fois du droit pénal spécial (recel) et du droit de la presse. En particulier, l'article 38 de la loi de 1881 dispose qu' « *Il est interdit de publier les actes d'accusation et tous autres actes de procédure criminelle ou correctionnelle avant qu'ils aient été lus en audience publique et ce, sous peine d'une amende de 3750 euros* ». Comme le remarque très justement Me Bigot, « *On voit bien que l'article 38 de la loi sur la presse est destiné à préserver le cours secret de la justice pénale, et à faire revivre sous une autre forme un ersatz de secret de l'instruction qui serait cette fois opposable à la presse* »[209]. En effet, seules les procédures correctionnelles et criminelles sont concernées, à l'exclusion des procédures civile et administrative. Certes, mais à quoi et à qui ce secret est-il utile ? S'il s'agit, bien sûr, d'appuyer l'indépendance et la sérénité des magistrats,

---

[208] CEDH, 3e sect., 3 oct. 2000, n° 34000/96, Du Roy et Malaurie c/ France, § 35.

[209] C. Bigot, Pratique du droit de la presse : Dalloz, 4e éd., 2023, n° 325-53.

la Cour de cassation considère depuis toujours[210] que des intérêts particuliers peuvent également être atteints, notamment la réputation d'autrui. Sur cette base, la chambre criminelle de la Cour de cassation[211] comme la Cour européenne[212] retinrent la compatibilité de cet article 38 avec la liberté d'expression, même en présence d'une affaire d'intérêt public[213].

8. Prolongement procédural. Cas particulier d'un journaliste assistant à un acte de procédure et des nullités en résultant. Enfin, le cas spécifique d'un journaliste qui assiste à une opération d'enquête ou d'instruction (interpellation, perquisition…) a été tranché tardivement : le 10 janvier 2017, la chambre criminelle de la Cour de cassation affirmait que (au-delà d'une éventuelle condamnation pour recel de violation du secret) « *constitue une violation du secret de l'enquête ou de l'instruction concomitante à l'accomplissement d'une perquisition, portant nécessairement atteinte aux intérêts de la personne qu'elle concerne, l'exécution d'un tel acte par un juge d'instruction ou un officier de police judiciaire en présence d'un tiers qui, ayant obtenu d'une autorité publique une autorisation à cette fin, en capte le déroulement par le son ou l'image* »[214]. Peu après, le ministère de la Justice adressait une dépêche en forme de circulaire[215] indiquant qu'aucun journaliste, même muni d'une autorisation, ne

---

[210] Crim., 6 mars 1884 : D. 1885, 1, p. 135.

[211] Crim., 22 juin 1999, n° 98-84197 : Bull. crim. n°146.

[212] CEDH, 1re sect., 24 novembre 2005, n° 53886/00, Tourancheau et July c/ France, § 73.

[213] CEDH, 5e sect., 1er juin 2017, n° 68974/11, 2395/12 et 76324/13, Giesbert et a. c/ France (affaire Bettencourt).

[214] Crim., 10 janvier 2017, n° 16-84740, publié au Bulletin. V. depuis : Crim., 10 janvier 2018, n° 17-84896, inédit ; Crim., 9 mars 2021, n° 20-83304, publié au Bulletin, § 8.

[215] CRIM-PJ n° 2017-0063-A8.

devait assister à une perquisition ni aucune autre mesure d'investigation[216]. Pour l'association de la presse judiciaire, agissant devant la juridiction administrative[217], il en résulte une méconnaissance de la liberté de communication. Ce grief fut cependant écarté, l'atteinte critiquée demeurant « *nécessaire, adaptée et proportionnée* »[218]. En effet, d'une part, si le secret de l'enquête et de l'instruction n'a pas à proprement parler valeur constitutionnelle, « *le législateur a entendu, d'une part, garantir le bon déroulement de l'enquête et de l'instruction, poursuivant ainsi les objectifs de valeur constitutionnelle de prévention des atteintes à l'ordre public et de recherche des auteurs d'infractions, tous deux nécessaires à la sauvegarde de droits et de principes de valeur constitutionnelle. Il a entendu, d'autre part, protéger les personnes concernées par une enquête ou une instruction, afin de garantir le droit au respect de la vie privée et de la présomption d'innocence, qui résulte des articles 2 et 9 de la Déclaration de 1789* »[219]. D'autre part, le secret est limité aux phases d'enquête et d'instruction et, même dans ces périodes, subit certaines atteintes. Aussi, peu importe que l'objectif poursuivi soit l'information du public[220].

---

[216] Comp. Crim., 19 oct. 2021, n° 21-81569, publié au Bulletin, § 13 : « la seule présence de tiers lors d'une interpellation sur la voie publique ne suffit pas à caractériser la violation du secret de l'instruction par les fonctionnaires de police ».

[217] QPC transmise par CE, 27 déc. 2017, n° 411915.

[218] Cons. const., 2 mars 2018, n° 2017-693 QPC, § 12.

[219] Cons. const., 2 mars 2018, n° 2017-693 QPC, § 8.

[220] Crim., 9 janv. 2019, n° 17-84026 ; Crim., 19 décembre 2023, n° 23-81286, publié au Bulletin, § 23.

2) Au stade de l'audience

9. Publicité des audiences et accès de la presse. Puisque la justice est publique[221], l'audience est ouverte et le public peut librement y assister (les journalistes aussi, à plus forte raison). Mais la publicité des audiences n'entraîne pas leur nécessaire retranscription : bien au contraire, le principe est celui de l'interdiction des enregistrements, même si les exceptions tendent à s'accroître. Certes, à défaut d'enregistrer les audiences, la presse pourra en rendre compte, mais à condition de respecter certaines règles, et sous réserve d'interdictions finalement assez nombreuses des comptes rendus de presse[222].

10. Incrimination de l'enregistrement des audiences. Aux termes de l'article 38 ter de la loi du 29 juillet 1881, « *l'emploi de tout appareil permettant d'enregistrer, de fixer ou de transmettre la parole ou l'image est interdit. Le président fait procéder à la saisie de tout appareil et du support de la parole ou de l'image utilisés en violation de cette interdiction (...). Est interdite, sous les mêmes peines, la cession ou la publication, de quelque manière et par quelque moyen que ce soit, de tout enregistrement ou document obtenu en violation des*

---

[221] Cette exigence, qui figure notamment à l'art. 6§1 CEDH, est reprise en droit français (V. par ex., devant le tribunal correctionnel, l'art. 400, al. 1er CPP ; et en matière de procédure civile, l'art. 22 CPC). *Adde* sur ce sujet : M. Nicolas-Gréciano et E. Raschel (dir.), La publicité de la justice. Regards de droit interne, européen et international : IFJD, coll. Colloques et essais, vol. 157, 2022.

[222] E. Raschel, Droit de la presse. La sanction des abus de la liberté d'expression : Dalloz, coll. Précis, 1re éd., 2025, n° 419 et s.

dispositions du présent article »[223]. Cet article date de la loi du 6 décembre 1954, adoptée à la suite des perturbations importantes qui avaient émaillé les procès Dominici et Marie Besnard, du fait des flashs incessants des journalistes venus assister en masse à ces procès surmédiatisés[224]. Pour la Cour de cassation, cette interdiction constitue une mesure nécessaire, au sens de l'article 10 de la Convention - même en présence d'un sujet d'intérêt général -, « *à garantir la sérénité et la sincérité des débats judiciaires, qui conditionnent la manifestation de la vérité et contribuent ainsi à l'autorité et à l'impartialité du pouvoir judiciaire* »[225].

En dépit de cette interdiction, depuis des décennies, des documentaires sont faits qui permettent aux journalistes de filmer des procès, même sans flouter les visages[226]. Cela sans fondement textuel idoine[227] : la « *police de l'audience* »[228] a toujours laissé une importante marge d'appréciation aux présidents… sans véritable recours[229]. Tout aussi classiquement, les « croquis d'audience » par des

---

223 Art. 38 ter de la loi du 29 juillet 1881. Adde spécialement pour la cour d'assises, l'art. 308 CPP (qui prévoit, lui, une amende de 18.000 euros !).

224 C. Courtin, Presse et audience pénale, in C. Courtin, F. Ghelfi et C. Porteron, Presse et procès pénal : L'Harmattan, 2020, p. 15 et s., spéc. p. 18.

225 Crim., 24 mars 2020, n° 19-81769, publié au Bulletin (condamnation de Paris Match pour la publication de photographies prises lors du procès d'Abdelkader Merah dans la salle d'audience).

226 L'un des plus connus est « dixième chambre. Instants d'audience », documentaire de Raymond Depardon en 2004.

227 V. toutefois une circulaire ministérielle du 20 décembre 2012 (« Autorisation de reportages ou documentaires sur des enquêtes pénales »).

228 V. par ex., pour la cour d'assises, l'art. 309 CPP.

229 C. Bigot (Pratique du droit de la presse, Dalloz, 4e éd., 2023, n° 325-33) envisage une saisine en référé de la juridiction administrative ou une saisine du CSM.

dessinateurs de presse sont autorisés[230], sauf décision contraire du président. Plus récemment, c'est le Conseil constitutionnel[231] lui-même qui est venu préciser le sort de la pratique dite du « live-tweet » par des journalistes spécialisés[232]. Il résulte de sa décision que l'interdiction de l'article 38 ter n'est pas de nature à interdire aux journalistes « *de rendre compte des débats par tout autre moyen, y compris pendant leur déroulement, sous réserve du pouvoir de police du président de la formation de jugement* »[233] (§ 9). Voilà une belle illustration des tentatives de conciliation des intérêts et de la presse et de la justice…

11. Exceptions. Les enregistrements officiellement et exceptionnellement autorisés sont les suivants : autorisation de prises de vues avant les débats[234] ; enregistrement des audiences pour les archives audiovisuelles de la justice[235] et enregistrement des audiences pour un motif d'intérêt public[236].

---

[230] A.-M. Sauteraud, Le statut des dessinateurs de presse et le droit à l'image des justiciables : Légicom 2012/1, n° 48, p. 79-81.

[231] Cons. const., 6 décembre 2019, n° 2019-817 QPC.

[232] S. Durand-Souffland, Les comptes rendus d'audience. Twitter et le déroulement du procès en temps réel : Légicom 2012/1, n° 48, p. 75-77 ; F. Saint-Pierre, Twitter aux mains des chroniqueurs judiciaires : le meilleur et le pire : AJ Pénal 2015, p. 83 et s.

[233] Lors de l'audience du 9 novembre 2022 devant la cour d'appel de Riom dans l'affaire « Berry », le président de l'audience interdit sur ce fondement toute utilisation des téléphones portables.

[234] Art. 38 *ter* de la loi de 1881.

[235] Loi n° 85-699 du 11 juill. 1985 tendant à la constitution d'archives audiovisuelles de la justice ; à propos de laquelle V. not. J. Pradel, Les techniques audiovisuelles, la justice et l'histoire : D. 1986, p. 114, et plus récemment : J.-B. Thierry, Filmer pour l'histoire : l'enregistrement pour la constitution d'archives historiques de la justice : AJ Pénal 2020, p. 458.

[236] Art. 38 *quater* de la loi de 1881, issu de la loi « confiance » de 2021.

12. Le délibéré : le maintien légitime du secret. En tout état de cause, si les débats sont publics, voire pour certains, médiatisés, le véritable processus de prise de décision ne l'est pas, et la presse ne bénéficie à cet égard d'aucun traitement de faveur. Une disposition générale de la loi du 29 juillet 1881 sur la liberté de la presse « *interdit de rendre compte des délibérations intérieures, soit des jurys, soit des cours et tribunaux* »[237]. Peu importe la matière (civile ou pénale principalement).

Doit-on s'émouvoir de ce secret absolu du délibéré ? Peut-il entretenir une forme de défiance du public envers l'institution de la justice ? On pourrait affirmer, en effet, que la transparence et la publicité de la justice n'ont de sens que si elles concernent l'entièreté de la procédure pénale... Ce à quoi il convient de rétorquer que le secret du délibéré ne doit pas et ne peut pas évoluer, même en présence d'un procès à dimension historique[238]. D'une part, il s'agit d'un impératif pour la bonne prise des décisions de justice, mais aussi pour la sécurité de ceux qui y participent. D'autre part, les décisions de justice sont en principe publiques[239] et motivées[240], ce qui devrait permettre aux justiciables (et aux

---

[237] Art. 39, al. 4 de la loi du 29 juillet 1881 (amende de 18.000 euros).

[238] Crim., 25 janv. 1968 : Bull. crim. n°25 (procès de Pétain devant la Haute cour de justice).

[239] V. par ex., en matière civile, l'art. 451 CPC. La loi n° 2016-1321 du 7 octobre 2016 pour une République numérique a permis la mise à disposition du public des jugements, ce qui n'est pas sans poser de multiples difficultés juridiques (respect de la vie privée) et techniques. V. L. Cadiet, L'open data des décisions de justice, Mission d'étude et de préfiguration sur l'ouverture au public des décisions de justice, Ministère de la justice, nov. 2017.

[240] V. not. C. Margaine, Flux et reflux de l'exigence de motivation des sanctions en matière pénale, RPDP 2019/1, p. 109 s. Adde plus largement : C. Chainais, D. Fenouillet et G. Guerlin (dir.), Les sanctions en droit contemporain, vol. 2, La motivation des sanctions : Dalloz, coll. L'esprit du droit, 2013.

observateurs et commentateurs) de mieux comprendre le raisonnement qui a été tenu pour les prendre.

B) Face à la justice, la presse a intérêt à préserver certains secrets (secret des sources)

13. Rappelons que pour la Cour EDH, spécialement dans son célèbre arrêt « Goodwin »[241], « la protection des sources journalistiques est l'une des pierres angulaires de la liberté de la presse » ; « *L'absence d'une telle protection pourrait dissuader les sources journalistiques d'aider la presse à informer le public sur des questions d'intérêt général. En conséquence, la presse pourrait être moins à même de jouer son rôle indispensable de "chien de garde" et son aptitude à fournir des informations précises et fiables pourrait s'en trouver amoindrie ». Seul un « impératif prépondérant d'intérêt public* » permet d'y échapper.

Le droit français – notamment constitutionnel - apparaît historiquement comme en net recul. Un dispositif plus protecteur date de la loi n° 2010-1 du 4 janvier 2010 relative à la protection du secret des sources des journalistes. Cette loi a notamment inscrit ce principe à l'article 2 de la loi du 29 juillet 1881 – soit immédiatement après l'affirmation de principe de la liberté de la presse. Son alinéa premier dispose : « *Le secret des sources des journalistes est protégé dans l'exercice de leur mission d'information du public* ». Cette exigence a été précisée par le législateur lui-même, s'agissant de l'hypothèse spécifique de la matière pénale : *« Au cours d'une procédure pénale, il est tenu*

---

[241] CEDH, gd ch., 27 mars 1996, n° 17488/90, Goodwin c/ RU, § 39 ; plus récemment : CEDH, 5e sect., 28 juin 2012, n° 15054/07 et 15066/07, Ressiot et a. c/ France, § 124 : le secret des sources n'est pas « un simple privilège qui leur serait accordé ou retiré en fonction de la licéité ou de l'illicéité des sources, mais un véritable attribut du droit à l'information, à traiter avec la plus grande circonspection ».

compte, pour apprécier la nécessité de l'atteinte, de la gravité du crime ou du délit, de l'importance de l'information recherchée pour la répression ou la prévention de cette infraction et du fait que les mesures d'investigation envisagées sont indispensables à la manifestation de la vérité »[242].

C'est dans cette logique que sont rigoureusement encadrés voire interdits certains actes d'investigation : perquisitions des entreprises et agences de presse et domiciles des journalistes[243] par exemple, ou encore interceptions des correspondances des médias. L'article 100-7 du Code de procédure pénale énumère un certain nombre de lignes ne pouvant faire l'objet d'une interception de correspondances. Les journalistes et médias n'intègrent pas le bénéfice de cette liste, et jusqu'à la loi précitée du 4 janvier 2010, ils ne bénéficiaient d'ailleurs d'aucune dérogation s'agissant de cette importante mesure d'investigation. Depuis, le dernier alinéa de l'article 100-5 du Code de procédure pénale prévoit simplement qu'« *À peine de nullité, ne peuvent être transcrites les correspondances avec un journaliste permettant d'identifier une source en violation de l'article 2 de la loi du 29 juillet 1881 sur la liberté de la presse* ».

Voilà à nouveau une belle illustration des intérêts antagonistes qui sont l'objet de cette étude. La presse ne peut fonctionner sans secret des sources, mais certaines enquêtes et instructions ne peuvent aboutir sans atteinte. De là, la recherche d'une solution équilibrée… (comme tout ce qui a trait, plus généralement, à la liberté d'expression).

---

[242] Art. 2, al. dernier de la loi du 29 juillet 1881 ; pour une application dans l'affaire Bettencourt : CA Bordeaux, ch. inst., 5 mai 2011 : Légipresse 2011, n° 285, p. 424, note H. Leclerc.

[243] CPP, art. 56-2.

II- La réputation comme source d'opposition entre les intérêts de la justice et ceux de la presse

14. La présente partie n'a vocation qu'à poser les grandes problématiques et donner les principales orientations de la matière. La justice a intérêt à protéger la réputation de ses magistrats, de ses juridictions (A) et des décisions rendues (B) ; de son côté, il est important pour la presse qu'elle se sente libre de discuter du bon fonctionnement de la justice, et éventuellement d'émettre certaines critiques.

A) La réputation et l'honneur des magistrats et juridictions

15. Aggravations. Les délits d'injure et diffamation publiques sont aggravés si la victime est un magistrat[244] ou si elle vise notamment les « cours » et « tribunaux »[245]. Ainsi Henri Guaino qui avait reproché à la radio au magistrat instruisant l'un des volets de l'affaire Bettencourt en impliquant Nicolas Sarkozy d'avoir « déshonoré la justice »[246], a commis le délit de diffamation publique aggravée. De même que l'auteur de critiques visant un procureur de la République, mis en ligne sur une page accessible à tous du réseau social Facebook[247]. Si le propos est adressé directement au magistrat, c'est l'outrage à magistrat[248] qui sera applicable[249] - même s'il est par ailleurs commis publiquement.

---

[244] Art. 31 de la loi du 29 juillet 1881.

[245] Art. 30 de la loi du 29 juillet 1881.

[246] Crim., 15 novembre 2016, n° 15-86600, inédit.

[247] Crim., 26 mai 2021, n° 20-86531, inédit.

[248] Sur ce dernier, V. L. Saenko, L'outrage à magistrat : une qualification en danger ? : Gaz. Pal. 30 avr. 2018, p. 85.

[249] CP, art. 434-24.

16. Immunités. Mais en parallèle, les diffamations, injures et outrages non étrangers à la cause bénéficient de l'immunité de l'article 41 de la loi du 29 juillet 1881, comme d'ailleurs les comptes rendus de presse qui pourront en faire état... Il y a là un apparent hiatus : quel intérêt protéger ? L'article 41, certes, n'opère aucune distinction entre les outrages (« *Ubi lex non distinguit...* »), aussi certaines décisions judiciaires ont fait *bénéficier* de l'immunité une personne poursuivie pour outrage à magistrat[250]. Mais il a été fait valoir qu'il semble « *indispensable, dans l'intérêt de la sérénité de la justice que les magistrats puissent réprimer aux audiences les outrages commis à leur égard, et il n'est jamais utile pour assurer une bonne défense de les outrager* »[251]. Un argument textuel s'y ajoute, puisque des peines aggravées sont prévues pour ces outrages lorsqu'ils ont justement lieu « *à l'audience d'une cour, d'un tribunal ou d'une formation juridictionnelle* »[252], ce qui témoigne assurément de la volonté du législateur de ne pas tolérer ces propos[253]. La Cour de cassation n'a pas été insensible à ces arguments, puisque certains de ses arrêts refusent clairement d'appliquer l'immunité de l'article 41 aux outrages à magistrats[254]. Il demeure évident que la solution mériterait d'être clarifiée.

---

[250] Crim., 8 juin 1999, n° 96-82519 : Bull. crim. n°127 ; Crim., 13 févr. 2001, n° 00-83315, inédit.

[251] J. Sauvel, Les immunités judiciaires, ce que l'on peut dire et écrire en justice et la police de l'audience, Sirey, 1956, p. 28-29.

[252] CP, art. 434-24, al. 2.

[253] En ce sens : B. de Lamy, La liberté d'opinion et le droit pénal : LGDJ, coll. Bibliothèque de sciences criminelles, t. 34, 2000, n° 265.

[254] Crim., 12 juin 1909 : Bull. crim. n°303 ; Crim., 16 juin 1999, n° 98-87575, inédit.

B) La réputation et la crédibilité des décisions de justice

17. Sens. L'incrimination principale est celle du discrédit public d'une décision de justice, incriminé à l'article 434-25 du Code pénal :

« Le fait de chercher à jeter le discrédit, publiquement par actes, paroles, écrits ou images de toute nature, sur un acte ou une décision juridictionnelle, dans des conditions de nature à porter atteinte à l'autorité de la justice ou à son indépendance est puni de six mois d'emprisonnement et de 7 500 euros d'amende.

Les dispositions de l'alinéa précédent ne s'appliquent pas aux commentaires techniques ni aux actes, paroles, écrits ou images de toute nature tendant à la réformation, la cassation ou la révision d'une décision. (...) ».

Il ne s'agit pas de protéger la réputation d'un magistrat[255] ou d'une juridiction (le cas échéant les injures et diffamations sont applicables[256]) mais bien « l'autorité ou (...) l'indépendance de la justice »[257].

18. Portée. Cet article a été, certes, déclaré conforme à l'article 10 de la Convention, dont le § 2 vise bien « *la garantie de l'autorité et de l'impartialité du pouvoir judiciaire* » parmi les motifs légitimes de restriction de la liberté d'expression[258]. Mais la vision renouvelée du débat d'intérêt général et l'accroissement de la liberté d'expression qui en résulte devraient limiter au strict minimum les hypothèses d'application. Peut-être cette

---

[255] Par conséquent l'action civile du magistrat qui a rendu la décision critiquée est irrecevable : Crim., 9 décembre 1993, n° 92-83475 : Bull. crim. n°382.

[256] V. *supra* n°15 et 16.

[257] Crim., 23 mai 2018, n° 17-82355, publié au Bulletin.

[258] Crim., 11 mars 1997, n° 96-82283 : Bull. crim. n°96.

incrimination deviendra-t-elle désuète[259] et rejoindra en cela l'article 434-16 du Code pénal (publication de commentaires tendant à exercer des pressions en vue d'influencer les déclarations des témoins ou la décision des juridictions d'instruction ou de jugement) qui pourrait n'avoir « *jamais fait l'objet de condamnation* »[260]... Ce sont alors les acteurs judiciaires et spécialement les procureurs de la République qui arbitrent directement les intérêts en cause pour accepter, parfois, de sacrifier ceux de la justice.

---

[259] D. Kuri, L'hypothèse des délits de presse désuets, in N. Droin et W. Jean-Baptiste (dir.), La réécriture de la loi sur la presse du 29 juillet 1881 : une nécessité ? : LGDJ, coll. Grands colloques, 2017, p. 63 et s.
[260] C. Bigot, Pratique du droit de la presse, Dalloz, 4e éd., 2023, n° 442.191.

POURSUIVRE SELON LES INTÉRÊTS DE LA JUSTICE : LA CRÉATION D'UNE PROCÉDURE PÉNALE DÉDIÉE AUX « COLD CASES »

AUDREY DARSONVILLE
Professeur à l'Université Paris Nanterre

1. Les crimes sériels ou non élucidés, qualifiés selon la terminologie anglo saxonne de « cold cases », ont toujours suscité une désapprobation sociale forte doublée d'une fascination des citoyens. Le rapport dit Dallest, du nom de Jacques Dallest, ancien magistrat qui a présidé le groupe de travail sur le traitement des crimes en série, remis en mars 2021, énonce ainsi dès ses premières lignes : « Les criminels en série suscitent à la fois une répulsion et une fascination que l'on retrouve dans les médias et dans l'opinion publique : fascination au regard du nombre d'études, d'ouvrages ou de films et séries qui sont consacrés à ces individus, répulsion face à la réalité brute à laquelle sont confrontés les familles des victimes, les enquêteurs, les magistrats et l'ensemble de nos concitoyens. Ce sentiment de répulsion et d'indignation est évidemment renforcé quand l'auteur des faits est non seulement réitérant mais récidiviste : à la gravité intrinsèque de chacune des atteintes à la vie ou à l'intégrité physique des victimes s'ajoute alors le constat de l'échec de la réponse sociale à l'égard de ces criminels hors norme »[261].

---

[261] Rapport du groupe de travail sur le traitement des crimes en série, Direction des affaires criminelles et des grâces, mars 2021, p.3. V° : Cold cases : un rapport préconise la création de pôles régionaux spécialisés, Gaz. Pal. 4 mai 2021, n°17.

2. Le rapport faisait état de défaillances dans le traitement judiciaire des crimes sériels ou non élucidés en soulignant notamment trois lacunes méthodologiques liées à l'absence de définition du crime en série, l'absence de statistiques précises sur les criminels en série et l'absence de profil type des criminels en série[262]. Des lacunes tant juridiques que criminologiques qui, selon le rapport, entravaient la poursuite et l'élucidation des crimes concernés. Or, les cold cases sont des crimes dont l'absence de résolution et de traitement par la justice pénale heurte gravement les intérêts des victimes et de toute la société. Ce constat d'un échec dans le traitement des crimes en série ou non élucidés a suscité une réaction du législateur à la suite de la remise du rapport dit Dallest. La loi n° 2021-1729 du 22 décembre 2021 pour la confiance dans l'institution judiciaire a prévu, en son article 8, la création d'un nouveau Titre XXV BIS au sein du code de procédure pénale, intitulé : « De la procédure applicable aux crimes sériels ou non élucidés » et composé des articles 706-106-1 à 706-106-5 et D.47-12-8 à D.47-12-10. La loi du 22 décembre 2021 a adapté la procédure pénale à la spécificité des crimes sériels ou non élucidés notamment par la création d'un pôle judiciaire national dédié au traitement de ces derniers. Ce pôle spécialisé a été installé au sein du Tribunal Judiciaire de Nanterre.

3. La création d'une procédure adaptée pour les crimes sériels ou non élucidés semble parfaitement alignée avec les intérêts de la justice, si on entend ces intérêts comme l'intérêt pour la société que la justice pénale permette l'élucidation de l'infraction et la condamnation de l'auteur en respectant les exigences du procès équitable. L'intérêt de la justice est alors à la confluence de divers intérêts, l'intérêt

---

[262] Rapport préc., p. 3 et 4.

général des poursuites pénales contre l'auteur de ces crimes, l'intérêt privé des victimes d'obtenir une décision judiciaire consacrant la réalité de l'infraction et l'intérêt de la défense de bénéficier d'un procès équitable. Ce conglomérat d'intérêts publics et privés sous-tend la crédibilité de la justice pénale. Ainsi, la procédure pénale spéciale développée à partir de la loi du 22 décembre 2021 favorise l'intérêt général, car la condamnation de l'auteur met fin au trouble à l'ordre social causé par l'infraction et doit permettre, par l'infliction d'une peine adaptée, d'éviter la récidive. Ce faisant, cette sanction pénale sert aussi les intérêts de la victime qui trouve dans le prononcé d'une déclaration de culpabilité la reconnaissance de son statut de victime et les droits qui lui sont afférents comme la possibilité d'une indemnisation.

4. Ainsi, la procédure dédiée aux crimes sériels ou non élucidés répondait aux intérêts de la justice et faisait donc l'objet d'un consensus lors de l'adoption de la loi du 22 décembre 2021. Les intérêts étaient donc convergents lors de la création de cette procédure spécialisée mais, à peine deux ans après sa mise en place, des divergences d'intérêts sont apparues avec les premiers obstacles aux poursuites pénales. Intérêts convergents donc pour la phase de création (I) et intérêts divergents dans l'application de cette procédure spécialisée (II).

I- Les intérêts convergents : la création d'une procédure spécialisée

5. « Les drames que ces crimes engendrent, les traumatismes personnels qu'ils infligent ainsi que le sentiment d'insécurité qu'ils suscitent imposent d'améliorer les pratiques et probablement d'apporter aussi des changements législatifs »[263]. De tels changements législatifs ont été réalisés en France avec l'adoption de la loi du 22 décembre 2021. Il convient de revenir sur la genèse de la création d'une procédure spécialisée relative aux crimes sériels ou non élucidés (A) et de se pencher sur les conditions d'ouverture d'une telle procédure (B).

A) La genèse de la procédure spécialisée

6. « Le passé qui ne passe plus »[264]. Cette formule résume parfaitement le sentiment général qui dominait en mai 2021, lorsque la mort de Michel Fourniret a été annoncée. Comme l'a dit fort justement Corinne Herrmann, avocate spécialisée dans les cold cases : « Avec lui, Michel Fourniret a emporté le secret de ses crimes, le secret des lieux où il a dissimulé le corps de certaines de ses victimes, le secret de ses victimes non identifiées. Nul n'en saura plus sur la vérité de son « œuvre criminelle ». A-t-on même approché sa réalité, l'ampleur de celle-ci ? « L'ogre des Ardennes » s'est échappé, nous a échappé et a ainsi gagné la bataille entamée avec la justice depuis son arrestation, le 26 juin 2003, à Sart-Custinne en Belgique, qui visait à l'identification de toutes ses victimes. Il laisse ainsi derrière lui la dévastation de celles qui ont survécu à ses agressions, des familles de celles qu'il a assassinées, des proches de celles dont le corps n'a pas été retrouvé. Il laisse encore la dévastation de ceux qui ne sauront jamais, ne pourront pas se confronter à lui, parce qu'il est parti avant d'avoir pu être interrogé sur leurs affaires par une justice qui a gravement failli et laissé nombre d'entre elles en déshérence »[265].

---

[263] Rapport préc., p. 4.

[264] C. Gayet, édito, AJ Pénal 2021.225.

[265] C. Herrmann et S. Kanoun, La genèse du pôle judiciaire dédié aux affaires non élucidées et aux crimes en série au travers des affaires *Fourniret et Dutroux*, AJ pénal 2023. 73

7. Indéniablement, l'affaire Fourniret a révélé les dysfonctionnements de la justice pénale dans le traitement des crimes sexuels et de sang commis en série. La sérialité criminelle ne pouvait plus être traitée comme une criminalité ordinaire et devait se doter d'outils spécifiques. Le constat de la nécessité de réformer la procédure pénale pour les crimes sériels était partagé par les différents acteurs judiciaires, mais aussi par les familles de victimes. Les intérêts publics, ceux de la justice pour favoriser la résolution des enquêtes, les intérêts de la société pour espérer être mieux protégée à l'avenir si les auteurs de crimes sériels sont plus certainement interpellés mais aussi les intérêts des victimes qui pouvaient espérer une meilleure prise en compte de leurs dossiers et une meilleure écoute de la justice, étaient alors convergents. Cette convergence des intérêts a favorisé l'adoption d'une procédure spécialisée en 2021.

8. La construction normative d'une procédure spécialisée. Après la remise du rapport Dallest, la loi n° 2021-1729 du 22 décembre 2021 pour la confiance dans l'institution judiciaire a consacré la création d'un pôle à compétence nationale au sein du titre XXV *bis* du code de procédure pénale intitulé « De la procédure applicable aux crimes sériels ou non élucidés ». On peut d'ailleurs s'étonner de l'emplacement de ce Titre 25 bis, le Titre 25 étant consacré à la criminalité organisée. Le rattachement des deux titres, 25 et 25 bis, manque de lisibilité, la criminalité sérielle étant fort éloignée dans ses modes opératoires de la criminalité organisée qui suppose l'organisation criminelle de plusieurs personnes là où le criminel en série agit souvent isolément. La loi du 22 décembre 2021 sera complétée par trois textes de nature règlementaire.

9. D'abord, le décret n° 2022-67 du 20 janvier 2022[266] qui a désigné le tribunal judiciaire de Nanterre comme pôle spécialisé. Ensuite, le décret n° 2022-236 du 24 février 2022[267], qui précise que seul le procureur de la République de Nanterre pourra ordonner des enquêtes ayant pour objet de retracer l'éventuel parcours criminel d'une personne condamnée pour des crimes sériels ou non-élucidés. Enfin, la circulaire du 25 février 2022[268] relative à la compétence nationale concurrente du tribunal judiciaire de Nanterre et la cour d'assises des Hauts-de-Seine dans le traitement des crimes sériels ou non élucidés et à l'articulation du rôle des différents acteurs judiciaires en matière de lutte contre ces crimes. Le pôle spécialisé peut donc être saisi en cours d'enquête, d'information judiciaire mais encore en vue d'ouvrir une enquête de parcours criminel. Cette dernière enquête, prévue à l'article 706-106-4 du code de procédure pénale, a pour finalité, selon les précisions apportées par la circulaire du 25 février 2022, de permettre « de mener des investigations sur le parcours de vie d'un auteur de crimes sériels et de procéder à des recoupements avec d'autres faits »[269]. L'article D.47-12-9 du code de procédure pénale ajoute que le parcours criminel est conduit soit en la forme préliminaire, soit dans les formes de l'instruction après saisine du juge d'instruction[270]. Cette forme d'enquête vise à retracer « l'éventuel parcours criminel d'une personne déjà condamnée pour des faits relevant de l'article 706-106-

---

[266] Décret n°2022-67 du 20 janvier 2022 relatif à la procédure applicable aux crimes sériels ou non élucidés, Journal Officiel du 27 janvier 2022, NOR : JUSD2201078D.
[267] Décret n°2022-236 du 24 février 2022 complétant le décret n° 2022-67 du 20 janvier 2022 relatif à la procédure applicable aux crimes sériels ou non élucidés, Journal Officiel du 25 février 2022, NOR : JUSD2206205D.
[268] Circ. 25 févr. 2022, n° JUSD2206606C
[269] Circ. 25 févr. 2022, préc., p.7.
[270] Circ. 25 févr. 2022, préc., p.7.

1 ou pour laquelle il existe une ou plusieurs raisons plausibles de soupçonner qu'elle a commis ou tenté de commettre d'autres faits pour lesquels le pôle a été initialement saisi. L'établissement du parcours criminel d'un individu mis en cause dans la commission de tels faits est un acte d'enquête incontournable, qui justifie de s'extraire des faits eux-mêmes pour centrer les investigations sur leur auteur et son parcours qui peut s'étendre sur plusieurs régions ou plusieurs années. (...). Les investigations ont pour but de retracer le parcours de vie de la personne, en recherchant notamment des éléments sur ses lieux de vie, ses lieux d'exercice professionnel, ses activités extra-professionnelles, son éventuel parcours pénal, voire carcéral, et le cas échéant, de procéder à des rapprochements avec des crimes non élucidés commis sur ces divers lieux »[271]. Par conséquent, la procédure pour les crimes sériels ou non élucidés est spécialisée en raison de son objet, mais aussi des perspectives nouvelles qu'elle ouvre, telle que l'enquête de parcours criminel. Ces différentes enquêtes servent bien les intérêts de la justice pour offrir un cadre renouvelé d'investigations pour des crimes qui troublent gravement l'ordre public.

[271] Circ. 25 févr. 2022, préc., p.7: La circulaire précise que « ce cadre d'investigation permet ainsi de procéder à des auditions ou des réquisitions, de même qu'à des perquisitions. Il ne permet en revanche pas de procéder à des actes dont la réalisation est soumise par le code de procédure pénale à une exigence de peine encourue, comme des placements en garde à vue ou des interceptions de communications électroniques. Lorsque les investigations permettent de supposer qu'une ou plusieurs infractions sont rattachables à la personne, selon le cadre procédural retenu, le procureur de la République ouvre une procédure d'enquête ou d'information distincte, ou le juge d'instruction communique le dossier au procureur de la République qui apprécie les suites à donner ».

B) Les conditions d'ouverture de la procédure spécialisée

10. Les crimes qualifiés de sériels ou non élucidés. Aux termes de l'article 706-106-1 du CPP, la juridiction spécialisée pourra être saisie pour l'enquête, l'instruction, la poursuite et le jugement de certaines infractions de nature criminelle et sous réserve de respecter deux conditions alternatives.

La liste des crimes concernés est la suivante : les atteintes volontaires à la vie (C. pén., art. 221-1 à 221-5), les actes de torture et de barbarie (C. pén., art. 221-1 et 222-3 à 222-6), les viols et les viols aggravés (C. pén., 222-23 à 222-26), les enlèvements et séquestrations (C. pén., art. 224-1 à 224-3)[272], ainsi que les crimes et délits qui leur sont connexes. Pour saisir le TJ de Nanterre, il faut en outre que le crime réponde à une des conditions suivantes :

- « 1° Ces crimes ont été commis ou sont susceptibles d'avoir été commis de manière répétée à des dates différentes par une même personne à l'encontre de différentes victimes ;
- 2° Leur auteur n'a pas pu être identifié plus de dix-huit mois après leur commission »

Le crime doit donc être sériel ou non résolu.

11. Outre ces critères relatifs à la compétence matérielle, la circulaire du 25 février 2022 décrit les éléments à prendre en considération pour un dessaisissement au profit de la juridiction nationale. Ainsi, la complexité de ces crimes qui nécessite le recours à des

[272] Aziber Didot-Seïd Algadi, Crimes sériels - Du traitement particulier des crimes sériels et crimes non élucidés, Entre pertinence et insuffisance, Revue Droit pénal n° 4 du 1er avril 2022, Etude 9.

magistrats et enquêteurs spécialisés mais aussi à des techniques d'investigation particulières est un élément essentiel pour décider de la saisine du pôle. En vertu de la circulaire du 25 février 2022, la complexité peut résulter de différents facteurs tels que « les enjeux tenant à la dimension nationale ou internationale des faits. La compétence du pôle peut être envisagée pour traiter de certains crimes sériels ou non élucidés qui, par leur nature, ont une dimension nationale, notamment parce qu'ils concernent un nombre significatif de victimes et ne présentent pas d'ancrage territorial tel qu'il conviendrait de privilégier un traitement local ou régional. La dimension internationale de l'affaire peut également être prise en compte du fait d'un rapprochement avec des faits commis à l'étranger qui présenteraient un mode opératoire similaire »[273]. En outre, « des investigations nécessitant un haut niveau de technicité et d'expertise »[274] peuvent également justifier la saisine du pôle de Nanterre. Ce critère sera mis en œuvre, à titre d'illustration, pour les crimes non résolus « qui ne semblent pas présenter de mobile apparent, dont les auteurs apparaissent ne pas pouvoir être identifiés par la mobilisation de moyens d'enquête habituels »[275].

---

[273] Circ. 25 févr. 2022, préc., p.4.

[274] Circ. 25 févr. 2022, préc., p.4.

[275] Circ. 25 févr. 2022, préc., p.4 : « Le pôle pourra ainsi utilement se saisir des affaires qui mériteront un nouvel examen, par des personnels spécialisés, qui s'attacheront à dégager avec une attention renouvelée des pistes d'investigations autres que celles déjà suivies localement. Ils mobiliseront pour parvenir à l'élucidation ou à l'aboutissement de ces affaires, des techniques d'investigations particulières et de grande complexité, telles que le recours à l'analyse criminelle approfondie, au logiciel SALVAC, à l'analyse massive d'archives de procédures judiciaires clôturées en vue de procéder à des recoupements, à des opérations de très grande ampleur sur le territoire national en vue de parvenir à l'identification et à l'interpellation de l'auteur, à l'entraide pénale internationale multidirectionnelle ou à des investigations

12. La logique du nouveau dispositif est de centraliser autour d'une juridiction unique, nationale, le traitement des crimes sériels ou non élucidés. Cette centralisation des procédures répond aux intérêts de la justice comme le soulignait l'étude d'impact de la proposition de loi qui énonçait : « La charge des cabinets d'instruction et les mutations des magistrats pénalisent le traitement de certains dossiers criminels particuliers suivis sur un temps long. La centralisation des 191 procédures complexes, avec une spécialisation des magistrats et l'instauration d'une temporalité compatible avec le traitement de ces dossiers, apparaissent nécessaires. Un regroupement des procédures présente les intérêts de permettre la spécialisation des magistrats et du greffe, et favoriser leur disponibilité, et de procéder à des rapprochements entre dossiers, par un recoupement des renseignements recueillis sur le mode opératoire, le lieu et la date des faits »[276]. Ainsi, « la centralisation des procédures complexes, avec une spécialisation des magistrats et l'instauration d'une temporalité compatible avec le traitement de ces dossiers, apparaissent nécessaires »[277]. Elle reprend une logique déjà mise en œuvre pour la criminalité organisée avec les JIRS ou encore pour le terrorisme avec la compétence du Parquet National Anti-Terroriste (PNAT) à Paris. Ce mouvement de centralisation, de regroupement des procédures pour gérer une criminalité grave ou complexe sert les intérêts de la justice pour faciliter les enquêtes. Toutefois, la question de l'intérêt des victimes se pose car l'éloignement

---

poussées visant à reconstituer le parcours criminel de l'auteur de crimes sériels identifié ».

[276] Etude d'impact Projet de loi : Pour la confiance dans l'institution judiciaire, avril 2021, p.190.

[277] C. Hermann et S. Kanoun, art. préc.

géographique de la juridiction en charge de leur dossier peut constituer un obstacle notamment financier.

13. L'imprécision définitionnelle des crimes sériels ou non élucidés. Les critères d'ouverture de la procédure spécialisée sont donc décrits dans la loi et les textes règlementaires. Cependant, la définition juridique de la notion de sérialité, qui est au cœur de la procédure, ne fait pas l'objet d'une réelle définition juridique. L'article 706-106-2 du CPP énonce dans le 1° : « Ces crimes ont été commis ou sont susceptibles d'avoir été commis de manière répétée à des dates différentes par une même personne à l'encontre de différentes victimes ». On ignore à partir de combien de crimes on peut parler de crimes sériels ou répétés. Le recours aux outils classiques du droit pénal est sans utilité pour appréhender les termes. Ainsi, l'habitude est entendue en droit pénal comme étant établie dès la seconde infraction[278], mais tel n'est pas nécessairement le cas dans la série qui semble répondre à d'autres critères définitionnels. Le rapport Dallest retenait d'ailleurs que « trois meurtres ou plus commis de sang-froid et sans mobile apparent, à distance les uns des autres avec un intervalle de temps séparant chaque événement constitue un crime en série »[279]. Une précision chiffrée serait de nature à favoriser les intérêts de la justice eu égard à la simplification dans l'application des règles, mais porterait atteinte aux intérêts des victimes dont l'infraction pourrait ne pas être englobée dans une série avec un chiffre minimum requis. Faute de consensus dans la définition, la série est décrite de façon vaste et offre donc une marge d'appréciation au juge, ce qui risque d'entraîner des décisions qui pourraient donner lieu à contestation

---

278 A. Darsonville, Droit pénal général, Sirey Université, Lefebvre Dalloz, 2024, n°176, p.156.

279 Rapport préc., p.3.

notamment dans le fait de saisir ou non le pôle cold case faute de reconnaître la nature sérielle de crimes. On peut également s'interroger sur la pertinence du rattachement entre les crimes sériels et ceux non élucidés, puisque ces derniers sont qualifiés classiquement de cold cases du fait de leur ancienneté (au moins 18 mois)[280] et ne sont donc pas nécessairement sériels mais peuvent l'être. La catégorie des crimes non élucidés peut donc aussi englober celle des crimes sériels, ce qui ajoute à la confusion.

14. En dépit de certains doutes quant aux définitions des crimes sériels ou non élucidés, la création d'une procédure spécialisée répondait aux intérêts de la justice et des victimes. Mais, la mise en œuvre de la procédure a rapidement fait émerger certaines divergences dans les intérêts en jeu.

II- Les intérêts divergents : l'avenir de la procédure spécialisée

15. A peine créée en 2021, la procédure dérogatoire relative aux crimes sériels ou non élucidés a rencontré des obstacles dans la résolution et le traitement des infractions relevant du champ de compétence du pôle du TJ de Nanterre. Ces points de discordances sont intéressants car, à la convergence des intérêts lors de la création du pôle, s'oppose une divergence des intérêts dans la mise en œuvre de cette procédure spécialisée.

Les points de divergence sont pluriels, certains purement juridiques (A) et d'autres relevant davantage de l'éthique (B).

280 Aziber Didot-Seïd Algadi, art. préc.

A) Les divergences juridiques

16. Les divergences juridiques sont nées d'obstacles de droit qui avaient pour beaucoup été anticipés par les promoteurs du pôle, mais qui sont apparus au grand jour avec les premières enquêtes menées. Deux obstacles peuvent ainsi être évoqués.

17. L'élargissement à de nouveaux fichiers. Le premier obstacle juridique concerne la question de l'élargissement de l'accès aux fichiers qualifiés de récréatifs, actuellement prohibé en France. La recherche en parentèle dans les fichiers, tels que le FNAEG, est admise par la Chambre criminelle[281]. Mais, la question qui a émergé avec la création de la procédure spécialisée pour les cold cases est celle de l'élargissement de cette recherche en parentèle à des fichiers non judiciaires, dits récréatifs. Il s'agit des fichiers destinés à la généalogie à la suite d'un test de curiosité réalisé par les citoyens. Ces fichiers constituent une source précieuse pour les enquêteurs car, en comparant une trace ADN relevée sur une scène de crime aux fichiers récréatifs, il est possible de la faire matcher avec la trace d'un membre de la famille de l'auteur des faits. Dès lors, en ayant identifié un membre de la famille du

---

[281] Cour de cassation, 28 juin 2017, n° 17-80.055 : « les articles 81, 706-54 et suivants du code de procédure pénale permettaient au juge d'instruction d'ordonner une expertise ayant pour objet l'identification et la recherche des auteurs des crimes et délits mentionnés par l'article 706-55 dudit code en sélectionnant, par une comparaison avec le profil génétique identifié comme étant celui de l'auteur de l'infraction, parmi les personnes enregistrées dans la base de données, celles qui étaient susceptibles de lui être apparentées en ligne directe, la liste proposée pouvant exceptionnellement comporter des collatéraux de l'auteur recherché, du fait que leurs profils génétiques auraient des caractéristiques analogues à celles d'ascendants ou de descendants », D. Thomas-Taillandier, Précisions sur l'utilisation des données contenues dans le FNAEG , AJ pénal 2017. 451.

meurtrier présumé, le travail des enquêteurs est considérablement facilité puisqu'ils ne travaillent alors que sur une liste de suspects relevant d'une famille, ce qui réduit de fait le nombre de suspects potentiels et oriente l'enquête vers des personnes identifiées. Cette technique, utilisée aux Etats-Unis, a ainsi permis l'arrestation du célèbre « Golden State Killer » en 2018. L'homme, âgé de 72 ans lors de son interpellation, a été accusé d'avoir commis 12 meurtres et une cinquantaine de viols en Californie entre 1978 et 1986. Les enquêteurs disposaient de son échantillon ADN prélevé sur les scènes de crime mais, l'homme n'étant pas fiché, l'ADN ne permettait pas son identification. L'auteur a été identifié par l'intermédiaire d'un site de généalogie qui a permis de faire matcher son ADN avec celui d'un de ses cousins ayant utilisé ce site récréatif[282]. Cette technique de rapprochement, via les tests de généalogie, non autorisée par le droit français, a cependant été utilisée au moins une fois en France dans l'affaire dite du prédateur des bois, en faisant appel au FBI qui a consulté les fichiers de généalogie. Comme l'exposait la presse, « le "prédateur des bois" était recherché depuis des années. Ce violeur en série présumé, arrêté en décembre dernier, a reconnu la plupart des agressions d'adolescentes dont il est soupçonné. Son profil génétique ne se trouvait dans aucun fichier, ni en France, ni à l'étranger. La clé de l'énigme était à 6 000 km de Paris, dans un laboratoire de généalogie privé américain, auquel plusieurs de ses proches avaient envoyé leur propre ADN » [283]. Le prévenu s'est suicidé en cellule en mars

[282] Le Monde, Le « tueur du Golden State » identifié grâce à l'ADN familial, L. Borredon, Publié le 06 août 2019.

[283] France info, Justice : quand l'ADN de parentèle résout des enquêtes, publié le 9 mai 2023 : « Trahi par l'ADN, mais pas par son ADN ». France Bleu La Rochelle, E. Le Bihan, 14 avril 2024, « *Le 24 octobre 2022*, le FBI rendait son rapport dans lequel il parvenait à identifier des personnes pouvant être des ascendants de l'auteur des faits, avait précisé la procureure de la République de Paris, Laure Beccuau ».

2024, mettant un terme à l'action publique et à toute contestation possible quant au recours aux tests récréatifs utilisés pour son identification.

18. L'accès aux fichiers récréatifs est indéniablement un outil d'investigation précieux pour les enquêteurs. Avoir accès à de tels fichiers servirait les intérêts de la justice et surtout de la répression, mais serait constitutif d'une atteinte à la vie privée des personnes qui font de tels tests de généalogie et risqueraient d'être indirectement, et à leur insu, à l'origine de poursuites contre un membre de leur propre famille. Les divergences entre la finalité de l'enquête, donc l'intérêt collectif, et la préservation des intérêts privés avec la protection des données fournies à des fins récréatives par les particuliers, sont tranchées à l'heure actuelle en faveur de la préservation des intérêts privés.

19. Les limites de la prescription de l'action publique. Le second obstacle juridique auquel est confronté le pôle dédié aux crimes sériels ou non élucidés, est relatif à la prescription de l'action publique. En effet, les crimes sont assortis d'une prescription d'un délai de 20 ans à compter de la commission du crime. De nombreuses exceptions ont vu le jour depuis quelques années pour allonger les prescriptions relatives aux crimes sexuels commis contre les mineurs (allongement du délai, recul du point de départ ou encore prescription glissante). Paradoxalement, aucune réforme n'a accompagné la création de la procédure relative aux crimes sériels ou non élucidés dont les crimes demeurent assortis des délais de droit commun d'extinction de la prescription de l'action publique. Or, le développement de nouvelles procédures, de nouveaux services d'enquête dédiés à l'élucidation de crimes anciens non résolus, risquait de se heurter à la prescription de l'action publique. Cette difficulté a été révélée par l'affaire dite Bonfanti, du nom de la victime Marie-Thérèse Bonfanti, qui a donné lieu à un arrêt important rendu par la Chambre criminelle, le 28 novembre 2023[284].

20. Dans cette espèce, la victime a disparu en 1986. L'enquête est restée infructueuse et a été clôturée définitivement en 1989. En avril 2020, une nouvelle enquête préliminaire était ouverte et un prévenu était interpellé en avril 2022. A l'issue de sa garde à vue, il avouait le meurtre de la victime et il était mis en examen des chefs d'homicide volontaire et placé en détention provisoire. Sur ses indications, des fragments du corps de la victime étaient retrouvés dans la zone indiquée durant la garde à vue. Par requête du 17 octobre 2022, l'avocat du mis en examen excipait de la prescription de l'action publique, les faits datant de 1986 donc de plus de trente ans alors qu'à l'époque des faits, la prescription était acquise à l'issue d'un délai de dix ans. S'en est suivie une procédure judiciaire complexe, non encore achevée à l'heure où ces lignes sont écrites. La chambre de l'Instruction de Grenoble, dans un arrêt en date du 24 janvier 2023, a rejeté la demande de constatation de l'extinction de la prescription. La Chambre criminelle, dans son arrêt en date du 28 novembre 2023, casse la décision et affirme que la prescription de l'action publique est acquise. Elle rappelle « qu'en matière de crime, l'action publique se prescrit par dix années révolues à compter du jour où le crime a été commis si, dans cet intervalle, il n'a été fait aucun acte d'instruction ou de poursuite ». En outre, « tout obstacle de fait insurmontable et assimilable à la force majeure, qui rend impossible la mise en mouvement ou l'exercice de l'action publique, suspend la prescription ». Dans le cas

[284] Cour de cassation, 28 novembre 2023, n°23-80.599, J.-B. Thierry, La prescription et la dissimulation du cadavre, AJ Pénal 2024.33.

d'espèce, la Chambre criminelle conclut que « ni l'absence de mobile résultant de la personnalité de la victime ni la dissimulation du corps et de la scène du crime ne caractérisent un obstacle insurmontable à l'exercice des poursuites pouvant justifier la suspension de la prescription de l'action publique, laquelle avait, au demeurant, été mise en mouvement, dès le mois de mai 1986, des chefs d'arrestation et séquestration arbitraires » (§23). Comme le souligne Jean-Baptiste Thierry dans son commentaire de la décision, « dissimuler un cadavre n'est donc pas dissimuler une infraction »[285] et faute de dissimulation de l'infraction, la suspension ne peut jouer. La Chambre de l'instruction de Lyon, saisie sur renvoi, a transmis une QPC en mai 2024 à la Cour de cassation afin d'interroger la notion de suspension de l'action publique. La Chambre criminelle, par un arrêt du 7 août 2024[286], a décidé de ne pas transmettre la QPC, celle-ci n'étant pas jugée sérieuse. La Chambre de l'instruction de Lyon a donc énoncé, dans son arrêt du 6 décembre 2024, que la prescription de l'action publique pour le chef d'homicide volontaire n'était pas acquise. Le raisonnement de la Chambre est de considérer qu'il est impossible d'établir avec certitude la date du décès de la victime. En effet, lors de ses aveux en 2022, le suspect a déclaré avoir tué la victime en 1986, à la suite d'une altercation, le jour de sa disparition. Cependant, la Chambre de l'instruction retient que rien ne permet avec certitude d'établir si la date du décès est bien fixée en 1986, car rien n'exclut que le prévenu ait pu séquestrer pendant un temps indéterminé la victime avant de la tuer. La seule certitude est celle de la mort de la victime, dont le crâne a été retrouvé, mais les expertises n'ont pas permis d'établir la

[285] J.-B. Thierry, art. préc.
[286] Cour de cassation, criminelle, Chambre criminelle, 7 août 2024, 24-90.006.

date du décès. Dès lors, la Chambre en conclut que le décès a pu survenir plus tardivement, à une période non couverte par la prescription. Cette analyse, contestée par le prévenu qui maintient ses déclarations d'un homicide accompli en 1986, repose notamment sur le fait qu'une séquestration n'est pas à exclure en raison de la propension du suspect au mensonge, de son entraînement comme ancien militaire et d'un emploi du temps incertain le jour de la disparition. Une telle analyse permet à la Cour de ne pas retenir la prescription.

21. Cette décision obligera la Cour de cassation à se prononcer de nouveau sur cette espèce. La lecture de la décision du 6 décembre 2024 révèle que la position de la Chambre de l'instruction est fondée sur la volonté de favoriser la tenue d'un procès pour une affaire ancienne de plus de 30 ans, non élucidée et qui a été résolu grâce aux techniques renouvelées des enquêtes. Cette affaire est surtout symbolique pour le pôle cold case de Nanterre car elle a permis de mettre en exergue une problématique essentielle : comment assurer l'efficacité de ce pôle si les cold cases, objet justement de sa compétence, une fois résolus ne peuvent être poursuivis en raison de l'acquisition de la prescription ? L'action de ce pôle pourrait être entravée si des affaires anciennes élucidées se heurtent à la prescription[287], ce serait contraire aux intérêts de la justice et des familles de victimes. Cependant, la décision de la Cour de cassation rassure les intérêts de la défense qui peuvent se fonder sur les règles établies de la prescription. En outre, on peut s'interroger sur le fait de savoir si l'affaire Bonfanti, qui pourrait générer une nouvelle réforme de la prescription de l'action publique, ne serait pas contraire aux intérêts de la société car le régime de la prescription est déjà

[287] S. Fournier, Prescription de l'action publique, quel avenir pour les « cold cases » ?, Revue Droit pénal 2024.Comm.17.

très confus et une réforme supplémentaire risquerait pour les justiciables d'être une source d'insécurité juridique[288]. La divergence entre les intérêts publics et privés est donc au cœur des enjeux relatifs à la prescription de l'action publique. La question de l'intérêt général au sujet de la prescription est par conséquent une question complexe dont on peine à déterminer quelle solution serait vraiment en conformité avec l'intérêt social.

B) Les divergences éthiques

22. Le recours aux citoyens. La volonté de lutter contre les crimes sériels ou non élucidés a favorisé le développement de techniques d'investigation inconnues en droit commun et qui soulèvent des questions juridiques mais aussi éthiques. Or, les enjeux éthiques font naître de

---

[288] J. Dallest, La justice et les crimes non élucidés, Pratique et réflexions d'un magistrat pénaliste, Gaz. Pal. 18 juin 2024, n°21 : « La prescription de l'action publique est un obstacle majeur aux poursuites pénales. Ne pouvoir enquêter sur un crime parce que plus de dix années se sont écoulées depuis sa clôture est incompris des familles. Ce couperet juridique est perçu comme une injustice douloureuse. Le doublement du délai de prescription criminelle apparaît insuffisant. Un allongement de ce délai à 30 ans à l'instar de la prescription relative au meurtre d'un mineur a été préconisé par le groupe de travail. L'évolution scientifique et l'alimentation continue du FNAEG sont de puissantes raisons pour ce faire. À titre personnel, je pense même qu'un délai de prescription de 40 ans, durée de conservation légale des empreintes génétiques, serait souhaitable. Ce délai ne serait applicable qu'aux seuls crimes de sang. Une réflexion doit être également engagée sur la pratique de la dissimulation du cadavre de la victime par l'auteur du meurtre. Ce faisant, ce dernier espère échapper aux poursuites en dissimulant non seulement la preuve de son acte mais aussi l'infraction criminelle elle-même. Dans ces conditions, la loi ne pourrait-elle disposer que, l'autorité publique étant mise dans l'impossibilité d'agir, la prescription ne court qu'à compter de la découverte du corps ou de la révélation du crime par son auteur ? N'est-on pas face à un crime dissimulé justifiant cette dérogation ».

nouvelles divergences entre l'intérêt public de promouvoir l'élucidation de tels crimes et les intérêts privés de préserver le respect de la vie privée. Ces divergences expliquent que certaines techniques d'enquête qui ont pu faire leurs preuves à l'étranger ne soient pas transposées dans la loi française. Deux exemples tirés des Pays-Bas sont révélateurs de ces divergences d'intérêts [289].

23. D'abord, « une initiative a été développée dans les centres pénitentiaires. Il s'agit de calendriers hebdomadaires distribués aux détenus et présentant des affaires non résolues. Des récompenses sont accordées aux détenus qui apportent des éléments et informations susceptibles de faire avancer l'enquête. Une telle initiative est relativement aisée à mettre en œuvre et pourrait par conséquent être transposée en France »[290]. L'implication de co-détenus a été d'ailleurs une source précieuse de renseignements dans l'affaire Monique Olivier. En effet, des anciennes co-détenues ont affirmé devant la juge d'instruction que cette dernière avait reconnu le meurtre d'Estelle Mouzin par son ex-mari Michel Fourniret[291]. Toutefois, la possibilité d'intégrer un dispositif similaire aux Pays-Bas pour associer les détenus à l'élucidation des crimes sériels ou non élucidés n'a pas été retenue dans la loi du 22 décembre 2021. Si une telle voie était suivie, elle remplirait l'intérêt de la justice et des familles de victimes du fait du soutien dans la résolution des affaires criminelles, mais elle heurterait un enjeu moral relatif au positionnement sociétal au regard de ce qui s'apparenterait à une forme de délation. Cela serait en outre peu compatible

---

[289] A.-G. Crane, Le traitement des affaires non résolues en France, Cahiers de la sécurité et de la justice, 2022, n°55, p.242 et suivantes.
[290] A.G. Crane, art. préc.
[291] Le point, Affaire Estelle Mouzin : ce qu'a confié Monique Olivier à certaines détenues, publié le 30 novembre 2019.

avec les intérêts de la défense, le client incarcéré risquant de s'auto-incriminer par un échange avec un co-détenu, en dehors de tout cadre légal des poursuites.

24. Ensuite, un second exemple, toujours tiré des Pays-Bas, est intéressant mais soulève de nouveaux des enjeux éthiques. « La police néerlandaise a également innové en matière de communication, en diffusant notamment des *podcasts* portant sur des affaires non résolues. Bien que les limites d'une telle communication externe soient évidentes, plusieurs affaires ont pu être résolues par ce biais ». L'idée est d'associer la société à la recherche de la résolution d'une infraction. Le pôle national des crimes sériels ou non élucidés a ainsi lancé en avril 2024 des vidéos « en quête d'indices ». « Piloté conjointement par le ministère de l'Intérieur et le ministère de la Justice, ce dispositif repose sur la diffusion d'une courte vidéo (moins de trois minutes) présentant les éléments d'une enquête suivie par le pôle national et pour laquelle les services d'enquête et les magistrats instructeurs veulent recueillir des informations auprès du grand public. Les vidéos sont diffusées sur les réseaux sociaux des deux ministères ainsi que sur leurs sites internet, sur un espace dédié aux appels à témoins, où ils resteront accessibles sur un temps long, avec des éléments complémentaires concernant l'affaire »[292]. Une telle innovation de communication au grand public est intéressante pour servir les intérêts de la répression et in fine des victimes mais, quid du risque social de fausses dénonciations, d'accusations erronées et donc d'atteintes à la présomption d'innocence de personnes visées par de tels propos. La protection des intérêts relatifs à la préservation de la vie privée, aux droits

---

[292] Le pôle cold cases lance un nouveau dispositif d'appel à témoins, Gaz. Pal, 16 avril 2024, n°13.

de la défense mais aussi aux questions éthiques sur la place que l'on accorde à la société privée dans la résolution des enquêtes explique les divergences relatives à de telles formes de communication.

25. La création d'une procédure spécialisée dans la lutte contre les crimes sériels ou non élucidés a donc été le point d'orgue de la rencontre d'intérêts convergents tant publics que privés. Cependant, à peine quelques années après sa mise en place, le pôle national de Nanterre est confronté à divers obstacles, juridiques et éthiques, qui mettent en exergue des divergences dans les intérêts en jeu. En effet, la protection des intérêts privés, et notamment ceux de la défense, se heurtent aux intérêts publics de résolution des enquêtes. La balance entre ces intérêts divergents sera au cœur des débats futurs relatifs à l'avenir de la procédure spécialisée.

LA PRESCRIPTION GLISSANTE

FRANÇOIS FOURMENT
Professeur à l'Université de Tours

1. Autre lieu, autre temps. Quittons l'irréductible village gaulois – ou camp romain ... – du plateau de Gergovie pour une contrée plus lointaine dans l'espace et dans le temps : la « Frontière », au milieu du XIXe siècle, c'est-à-dire les États-Unis à l'époque de la conquête de l'Ouest. Du moins tel que ce moment d'histoire des États-Unis est raconté dans la filmographie des *westerns spaghettis*, en l'occurrence, en 1968, dans « *Il était une fois dans l'Ouest* », réalisé par Sergio Leone, sur une musique d'Ennio Morricone, premier volet de leur Trilogie du Temps[293]. Trois personnages en particulier nous y intéressent : Jill McBain, jeune, veuve avant d'avoir connu son mari et les enfants de ce dernier, généreuse, unique personnage féminin du film, jouée par Claudia Cardinale ; Cheyenne, aventurier grisonnant, qui connaîtra la rédemption à la fin de l'histoire, incarné par Jason Robards ; et Henry Fonda, *alias* Franck, du même âge de la vie, mais au contraire cruel et cupide. Deux répliques et une scène du film, notamment, sont en rapport avec la violence sexuelle. La première réplique met en scène Cheyenne et Jill McBain, et fait dire par le premier, à la seconde : « *Si un homme te pince les fesses, fais comme si c'était pas trop grave, il sera heureux.* » Dans le sens inverse, l'autre

[293] Ce premier volet sera suivi, en 1971 de « *Il était une fois la Révolution* » et, en 1984, par « *Il était une fois en Amérique* ».

réplique est une adresse de Jill McBain à Cheyenne : « *Vous pouvez aussi me coucher sur la table et vous servir de moi, et appelez vos hommes si ça vous chante. Vous savez, j'connais pas de femme qui en soit morte. Lorsque vous aurez fini, tout ce qu'il me faudra, c'est un bon baquet d'eau bouillante pour redevenir exactement comme avant !* » Il n'en fera rien. Plus tard dans l'histoire, suit une scène de viol de Jill McBain par Franck, qu'elle sait avoir été l'assassin de son mari. Quel rapport avec la prescription glissante ? Dans un entretien qu'elle a accordé en 2023 à un magazine de programme de télévision français, Claudia Cardinale évoquera le viol dont elle a été victime à l'âge de 17 ans, la circonstance qu'elle est tombée enceinte, son refus d'avorter et son choix de ne pas dénoncer son agresseur, et combien ce viol a affecté sa vie de femme et de mère. Née en 1938, Claudia Cardinale avait donc 30 ans à l'époque à laquelle le film a été tourné, et le viol dont elle a été victime alors qu'elle était mineure remontait à 14 ans. Imagine-t-on aujourd'hui de tels dialogues et scène dans une œuvre cinématographique d'un si grand succès, mettant en scène des « légendes » du cinéma, et dans ces circonstances de vie personnelle d'une si profonde douleur éprouvée par une actrice ? La réponse est dans la question. « Autres temps, autres mœurs. » Autre droit, par conséquent.

2. Saut dans le droit. Une brève histoire du régime de prescription applicable aux infractions sexuelles commises sur les mineurs fait en particulier relever que la loi du 10 juillet 1989 a reporté le point de départ du délai de prescription – encore de droit commun – à la majorité de la victime[294], que la loi du 9 mars 2004 a allongé les délais de prescription de 3 à 10 ans en matière délictuelle et de 10 à

---

[294] Loi n° 89-487 du 10 juillet 1989 relative à la prévention des mauvais traitements à l'égard des mineurs et à la protection de l'enfance.

20 ans en matière criminelle[295], que la loi du 3 août 2018 a encore augmenté ces délais, les portant à 20 ans en matière délictuelle et 30 ans en matière criminelle[296], enfin, que la loi du 21 avril 2021 a introduit la prescription dite « glissante », ou encore « échelonnée » ou « réactivée », dans une sorte d'emprunt de délai en cours pour une autre infraction[297]. L'article 7 du code de procédure pénale, en matière criminelle, et 8 dudit code, en matière délictuelle, ont ainsi connu un phénomène de sédimentation législative.

---

[295] Loi n° 2004-204 du 9 mars 2004 portant adaptation de la justice aux évolutions de la criminalité.

[296] Loi n° n° 2018-703 du 3 août 2018 renforçant la lutte contre les violences sexuelles et sexistes.

[297] Loi n° 2021-478 du 21 avril 2021 visant à protéger les mineurs des crimes et délits sexuels et de l'inceste. V. : H. Matsopoulou, « Les nouvelles règles de prescription applicables aux crimes et délits sexuels commis sur des mineurs », JCP G 2021, 514 ; S. Pellé, « Infractions sexuelles contre les mineurs : une sortie du droit commun, pour quelle efficacité ? », D. 2021, p. 1391 ; Cl. Ghica-Lemarchand, « Commentaire de la loi du 21 avril 2021 […] », D. 2021, p. 1552 ; S. Detraz, « Le dédoublement des agressions sexuelles », Dr. pénal 2021, Étude 12 ; A.-S. Chavent-Leclère, « Protection des mineurs contre les violences sexuelles », Procédures 2021, comm. 176 ; J. Léonhard, « La loi du 21 avril 2021 […] : entre illusions et désillusions », AJ Pénal 2021, p. 301 ; V. Lucas, « La répression des violences sexuelles en 2022 », AJ Pénal 2022, p. 415 ; B. Py, « Infractions sexuelles et inceste : ce qui ne se conçoit pas bien n'a aucune chance de s'énoncer clairement », Gaz. Pal. 22 juin 2021, n° 423n9, p. 13 ; Th. Lebreton et E. Raschel, « Infractions sexuelles commises contre les mineurs et prescription de l'action publique », Gaz. Pal. 20 juillet 2021, n° 424o4, p. 15 ; F. Fourment, « La prescription de l'action publique applicable aux infractions sexuelles sur mineurs et la loi du 21 avril 2021 », Gaz. Pal. 31 août 2021, n° 425q3, p. 80 ; M. Bouchet, « Focus sur la loi du 21 avril 2021 […] », Lexbase Pénal, n° 39, 24 juin 2021. *Adde* : B. Moron-Puech, « Violences sexuelles et imprescriptibilité. Et si la tragédie grecque était la clé ? », D. 2022, p. 663 ; Ch. Lazerges, « La politique criminelle implicite de la Commission indépendante sur les violences sexuelles dans l'Église catholique », RSC 2022, p. 141 ; J.-B. Thierry, « D'Émile Louis à Dominique Cottrez : l'allongement des délais de prescription de l'action publique », AJ Pénal 2023, p. 61.

3. Expérience de pensée. Aux termes de l'article 7 du code de procédure pénale, les crimes sexuels commis sur les mineurs se prescrivent par 30 années révolues à compter de la majorité de ces derniers. Toutefois, le délai de prescription d'un premier crime de viol commis sur un mineur est prolongé si, avant l'expiration du délai de prescription applicable à ce viol, l'auteur de ce premier viol commet un nouveau crime de viol ou délit d'agression sexuelle ou d'atteinte sexuelle sur un autre mineur. Ce délai de prescription est prolongé jusqu'à la date d'expiration du délai de prescription du nouveau crime ou délit : il « glisse » donc[298]. Il n'y a pas d'obstacle à ce que ce délai puisse être « rechargé » par la commission d'une troisième ou énième infraction.

Ce ne pouvait pas être suffisant. Un délai peut connaître des causes d'interruption. « Que la lumière soit ! Et la lumière fut ! » Aux termes, cette fois, de l'article 9-2 du code de procédure pénale, tel que modifié par la loi du 21 avril 2021, le délai de prescription d'un viol, d'une agression sexuelle ou d'une atteinte sexuelle commis sur un mineur est interrompu par les causes d'interruption intervenues dans une procédure dans laquelle est reprochée à la même personne une de ces mêmes infractions commises sur un autre mineur : les causes d'interruption des délais de prescription s'empruntent donc.

Il en résulte que des poursuites pourront être exercées très, très longtemps après la commission des faits, concrètement après même, le cas échéant, la 48e année de la victime, la personne mise en cause étant alors certainement très âgée,

---

[298] L'article 8 du code de procédure pénale introduit le même mécanisme en matière délictuelle, c'est-à-dire d'agression sexuelle ou d'atteinte sexuelle commise sur un mineur, en cas de commission sur un autre mineur par la même personne, d'une agression sexuelle ou atteinte sexuelle.

si encore en vie… La mise en œuvre de la prescription glissante pourra se révéler d'une grande complexité : application de la loi de prescription dans le temps, en coordination avec la non-rétroactivité de la loi pénale plus sévère, doublée de l'emprunt des causes d'interruption de la prescription. Elle confine à une expérience de pensée.
L'appareil judiciaire se veut adapté à ces mécanismes procéduraux inédits. Par dépêche en date du 26 février 2021, M. le ministre de la Justice engageait les parquets à ouvrir des enquêtes sur des infractions sexuelles commises alors que les victimes étaient mineures. Parmi les différentes finalités poursuivies par ces enquêtes, deux rejoignent peu ou prou la prescription glissante : vérifier si, au regard de la date des faits dénoncés, ceux-ci, à les supposer constitués, sont prescrits et permettre la réalisation d'investigations dans l'environnement de la personne mise en cause afin, le cas échéant, de découvrir l'existence d'autres victimes pour lesquelles les faits ne seraient pas prescrits[299]. Par ailleurs, les crimes sériels ou non élucidés peuvent relever de la compétence des parquets et juridictions spécialisés, dits « pôles cold cases »[300].

4. Justice et justice, intérêt et intérêts. La mise en œuvre des dispositions applicables à la prescription glissante ne tardera pas. La demande sociale et le droit se rejoignent dans ce sens. De quelle « justice » la prescription glissante est-elle le nom ? De la justice commutative ? De la justice distributive ? Quels intérêt(s) poursuit-elle ? La notion d'« intérêt de la justice » paraît en tout état de cause supérieure à celle des intérêts de la justice, laquelle peut être

[299] Ministre de la Justice, « Dépêche relative au traitement des infractions sexuelles susceptibles d'être prescrites », Ministère de la Justice, Direction des affaires criminelle et des grâces, 26 février 2021 : CRIM-BOAP N°2021-0023-C10.
[300] Art. 706-106-1 et s. du code de procédure pénale.

confondue avec les intérêts que la justice, dans un retour à la justice commutative, doit sauvegarder. Les notions de justice et d'intérêt(s) de la justice sont décidément d'un maniement délicat. Que l'on songe, toutes choses égales par ailleurs, à celle de « bonne administration de la justice », et l'on admettra alors que son appréciation est discrétionnaire et procède d'un argument ou motif d'autorité. La notion d'action publique repose sur un terrain moins… glissant.

5. Action publique et intérêts. L'action publique est l'« action pour l'application des peines ». Les intérêts en présence y sont ceux de la société, représentée par le ministère public, de l'accusé et même de la victime, partie lésée, constituée partie civile, désireuse de corroborer l'action publique. La prescription glissante et le grand éloignement dans le temps de la réponse pénale que sa mise en œuvre suppose, soulèvent différentes interrogations : l'auteur des faits dispose-t-il d'un « droit à » la prescription de l'action publique (I) ? Quelle finalité l'action publique exercée par le ministère public poursuit-elle encore (II) ? L'acceptation sociale de la manifestation tardive de la victime perdurera-t-elle (III) ?

I- La prescription glissante et le « droit à » la prescription de l'auteur

6. Imprescriptible de fait et prescription viagère. Le mécanisme de prescription glissante instaure plus que jamais une imprescriptibilité de fait ; plus que jamais, parce que l'imprescriptibilité de fait peut déjà être atteinte en droit « commun » de la prescription de l'action publique par l'effet de la succession des causes d'interruption. Que l'on songe, à cet égard, à l'affaire Grégory, par exemple. Reste que la prescription glissante va un cran plus loin, si ce n'est dans l'imprescriptibilité de fait, donc, mais dans la circonstance qu'elle est attachée à un même auteur. Elle lui devient en quelque sorte comme viagère. Une question prioritaire de constitutionnalité est ainsi à envisager, qui mêlerait droit à la sécurité juridique, prévisibilité de la loi et égalité des citoyens devant la loi, tant le traitement entre victimes d'infractions présentant un haut niveau de gravité devient différencié, selon que les victimes sont majeures ou mineures et, dorénavant, entre victimes mineures également. Toutefois, les limites que le droit constitutionnel et que les droits européens posent en matière de prescription de l'action publique ne sont pas nettes.

7. Prescription de l'action publique et droit constitutionnel. Certes, le Conseil constitutionnel a eu l'occasion de valider le caractère imprescriptible de certains crimes, mais il s'agissait de ceux relevant de la compétence de la Cour pénale internationale. Et, à partir du raisonnement qu'il a suivi, il y a lieu de considérer que c'est à raison de leur nature propre : « aucune règle, ni aucun principe de valeur constitutionnelle, n'interdit l'imprescriptibilité des crimes les plus graves qui touchent l'ensemble de la communauté internationale »[301]. Dans sa décision QPC du 24 mai 2019, le Conseil constitutionnel a au contraire écarté l'existence d'un principe fondamental reconnu par les lois de la République imposant au législateur de prévoir un délai de prescription de l'action publique pour les infractions dont la nature n'est pas d'être imprescriptible. Il n'y a donc pas de « droit » constitutionnellement garanti « à » la prescription. Cependant, les Sages ont fait résulter du principe de nécessité des peines, protégé par l'article 8 de la Déclaration de 1789, et la garantie des droits, proclamée par l'article 16 de la Déclaration, un principe selon lequel, « en

[301] Cons. const., 22 janvier 1999, n° 98-408 DC, Traité portant statut de la Cour pénale internationale.

matière pénale, il appartient au législateur, afin de tenir compte des conséquences attachées à l'écoulement du temps, de fixer des règles relatives à la prescription de l'action publique qui ne soient pas manifestement inadaptées à la nature ou à la gravité des infractions »[302]. Vaste programme… On retiendra toutefois que cette décision a été rendue à propos de l'interprétation que la chambre criminelle de la Cour de cassation donne de l'article 7 du code de procédure pénale, selon laquelle, en cas d'infraction continue, le délai de prescription de l'action publique ne court qu'à compter du jour où elle prend fin dans ses actes constitutifs et dans ses effets. Les droits européens ne se montrent pas plus directifs.

8. Prescription de l'action publique et droits européens. La Cour européenne des droits de l'Homme ne paraît pas avoir rendu de décisions intéressant directement la prescription de l'action publique. Toutefois, d'une décision rendue dans une affaire où une femme avait déposé plainte pour viol et où le dossier avait été classé sans suite après une enquête jugée insuffisante, la Cour a rappelé que « les États ont l'obligation positive, inhérente à l'article 3 de la Convention, d'adopter des dispositions en matière pénale qui sanctionnent effectivement le viol et de les appliquer en pratique au travers d'une enquête et de poursuites effectives » et que cette obligation ne saurait être limitée aux seuls cas de mauvais traitements infligés par les agents de l'État »[303]. Le raisonnement vaut de plus fort en cas de viol ou autre agression sexuelle commis sur une

[302] Cons. const., 24 mai 2019, n° 2019-785 QPC, M. Mario S. [Point de départ du délai de prescription de l'action publique en matière criminelle], cons. §§ 6 et 7 et Cons. const., 9 sept. 2021, n° 2021-926 QPC, M. Gaston F. [Exclusion de l'application immédiate de dispositions relatives à la prescription de l'action publique], § 11.
[303] CEDH, sect. II, 2 mai 2017, req. n° 61030/08, B.V. c. Belgique, §§ 55 et 56.

victime mineure et les règles relatives à la prescription, dans leur régime dérogatoire, participent à l'effectivité de la répression. De son côté, la Cour de justice de l'Union européenne a jugé que, dans la lutte contre la fraude aux intérêts financiers de l'Union européenne, les règles nationales de prescription doivent permettre une prévention et une répression effectives et que le juge national est donc tenu d'écarter les règles ou la jurisprudence qui créent un risque systémique d'impunité pour de telles infractions[304].

II- La prescription glissante et la finalité de l'action publique exercée par le ministère public

9. Action pour l'application des peines ? L'article 1er du code de procédure pénale définit l'action publique comme l'action « pour l'application des peines », sous-entendu, après déclaration de culpabilité du mis en cause. Mais l'écoulement du temps affecte cette finalité de l'action publique. D'une part, l'issue de la déclaration de culpabilité n'est pas acquise devant les risques de dépérissement des preuves et de suspension *ad vitam* de l'action publique si le mis en cause est dans un état physique ou mental ne lui permettant pas de se défendre. D'autre part, la détermination d'une peine dûment personnalisée au regard des finalités et des fonctions de la peine définies par l'article 130-1 du code pénal est à peu près chimérique. Cette problématique a été celle rencontrée par la chambre criminelle en matière de durée de procédure déraisonnable.

10. Sanction de l'écoulement du temps. On sait la « sanction » que la chambre criminelle a définie de la durée de procédure déraisonnable. Dans sa décision de type arrêt

---

304 CJUE, gde. ch., 24 juillet 2023, aff. C-107/23 PPU [Lin].

de règlement du 9 novembre 2022, elle a retenu que la méconnaissance du droit d'être jugé dans un délai raisonnable n'est ni une cause d'extinction de l'action publique, ni une cause de nullité de la procédure. Mais elle ouvre droit, d'une part, à réparation de l'intéressé et, d'autre part, à ce que les éventuelles conséquences de la violation de ce droit sur l'exercice de ses droits soient prises en compte au stade du jugement au fond. Et, à cet égard, qui intéresse directement les effets de la prescription glissante, la Cour de cassation a tracé trois pistes à l'adresse des juridictions de jugement : porter une attention particulière à l'appréciation de la valeur probante des éléments de preuve ; en cas d'état mental ou physique de l'accusé rendant durablement impossible l'exercice de la défense, suspendre l'action publique ; tenir compte de la durée déraisonnable de la procédure – pour ce qui nous intéresse, du temps écoulé entre la date des faits et leur poursuite – dans la détermination de la peine, voire dispenser le prévenu de peine en matière délictuelle[305]. Les causes de l'écoulement du temps sont différentes d'avec la mise en œuvre, le cas échéant, de la prescription glissante, mais les effets ne pourraient guère qu'être les mêmes. Pour les effets dicibles.

11. Procédure-sanction. Le sauvetage d'affaires au moyen des règles applicables à la prescription glissante pourrait ne pas produire les effets attendus de l'action publique : déclarer une culpabilité et appliquer une peine à l'auteur. Peut-on provoquer ? Et alors ! Une enquête aura été menée, serait-ce pour rechercher si les faits sont vraiment prescrits[306], et peut-être même une procédure

---

[305] Crim., 9 novembre 2022, n° 21-85.655, FP-B-R.

[306] Sur la dépêche de M. le ministre de la Justice relative au traitement des infractions sexuelles susceptibles d'être prescrites, v., préc., note de bas de page n° 7.

engagée, dusse-t-elle être suspendue en cours d'instruction ou de jugement. En l'occurrence, la sanction aura donc été la procédure même, plus particulièrement encore si l'intéressé a été mis en cause publiquement. #Enquêtez-enquêtez-il-en-restera-toujours-quelque-chose.

III- La prescription glissante et l'acceptation sociale de la manifestation tardive de la victime

12. Compréhension contemporaine. La manifestation tardive de la victime d'une agression sexuelle est aujourd'hui spontanément et communément admise, qu'elle ait été mineure au moment des faits ou non, avec circonstance d'amnésie traumatique ou d'emprise de l'auteur sur elle ou non. Mais les victimes sont sous une autre emprise, plus diffuse, mais non moins puissante, l'emprise sociale.

13. Réprobation à l'avenir ? L'institution de la prescription de l'action publique n'est perçue que comme un mécanisme de protection de l'auteur des faits et du Bien de la Justice, contre, au pire, le risque de dépérissement des preuves et d'erreur judiciaire et, au mieux, celui de la perte de sens de l'action publique, qui est d'appliquer une peine. Mais l'existence de l'institution « prescription de l'action publique » est aussi un aiguillon pour l'action des victimes, donc un soutien de la société adressé à elles : « manifestez-vous ! »[307]. Deuxièmement, au vu de l'évolution de la société concernant la protection due aux victimes d'infractions sexuelles, en particulier mineures, de l'abaissement du seuil d'acceptabilité sociale de ces comportements et, corrélativement, de la plus grande

[307] Dans ce sens, v. : M. Dosé, *Éloge de la prescription*, Éditions de l'Observatoire, 2021.

accessibilité de ces victimes à la Justice – inscrivons-nous dans la durée, d'hier à demain et après-demain –, la question se pose de savoir comment, dans de longues années – mais la loi du 21 avril 2021 ne propose-t-elle pas de disposer pour un lointain avenir ? –, sera perçue la réaction éloignée dans le temps de telles victimes ? Louangées aujourd'hui, chapitrées demain ?[308]

14. Dystopie législative. Quel chemin parcouru depuis la loi du 10 juillet 1989 ayant reporté le point de départ du délai de prescription des infractions sexuelles commises sur des victimes mineures – encore de droit commun et, en ce temps, de 10 ans en matière criminelle et 3 ans en matière délictuelle – à la majorité de la victime ! Plus saisissant encore, de nouvelles affaires animant le débat public paraissent rendre obsolètes la loi du 21 avril 2021 et la prescription glissante. Au hasard… des affaires mettant en cause des personnages publics décédés. Expérience de pensée pour dystopie, à quelle chimère législative peut-on penser ? Les dieux ont soif[309] ! Une évolution de la justice restaurative ? dont l'une des conditions posées par l'article 10-1 du code de procédure pénale ne va pas dans le sens de la satisfaction des victimes, son caractère confidentiel. Les dieux pourraient avoir davantage soif ! Le procès fait aux morts ? Avec audience de consignation des faits, de déclaration de l'état de victime des personnes agressées sexuellement dans le passé éloigné de leur minorité et mesure d'invisibilisation de la paternité des réalisations marquantes de l'intéressé ? Après tout, un certain modèle est à disposition, avec la procédure et les décisions d'irresponsabilité pénale pour cause de trouble

---

[308] V. F. Fourment, « La prescription de l'action publique applicable aux infractions sexuelles sur mineurs et la loi du 21 avril 2021 », préc., p. 82.
[309] A. France, *Les dieux ont soif*, 1912.

mental[310]. Un renversement de perspective n'est pas à exclure. Retour à la « Frontière », même dieu, même Livre, mais autre culte : « si quelqu'un a quelque raison que ce soit de s'opposer [à la prescription de l'action publique], qu'il parle maintenant, ou se taise à jamais. »

[310] Art. 706-119 et s. du code de procédure pénale.

TROISIÈME PARTIE

JUGER SELON LES INTÉRÊTS DE LA JUSTICE

Le jugement des personnes atteintes de troubles mentaux

Philippe Currat
Docteur en droit, Avocat

Introduction

1. La notion d'intérêt de la justice a été définie ce matin, dans des approches pénales, historiques et sémantiques et je ne vais pas y revenir ici, autrement que pour analyser comment les différents tribunaux pénaux internationaux qui se sont prononcés sur le jugement de personnes atteintes de troubles mentaux.

2. D'emblée convient-il de préciser que le sujet qui m'est ici confié se distingue nettement des modes d'exclusion de la responsabilité pénale, tels que décrits à l'article 31 du Statut de Rome. Dans ce cadre, la personne mise en cause se trouve dans l'incapacité de disposer des capacités cognitives et volitives qui permettraient de constituer les éléments subjectifs nécessaires au caractère intentionnel de l'infraction. C'est ici la capacité de la personne mise en cause *in actu*, qui est en cause. Dans la mesure où elle se trouve dans un état qui ne lui permet pas de comprendre ou de vouloir ce qu'elle fait, notamment pour cause de maladie ou de déficience mentale, alors elle ne dispose ni de la volonté ni de la connaissance requise pour fonder son aptitude à la faute. Elle n'est donc pas capable de répondre de ses actes et n'est en conséquence pas pénalement responsable. La personne incapable de discernement échappe donc au procès pénal du fait de son irresponsabilité.

3. La question de la capacité de l'accusé à être jugé est identique, dans la mesure où, dans les deux cas, une altération des capacités mentales exclut toute capacité de discernement de sa part et donc toute possibilité de répondre d'une faute éventuelle, et différente, car elle intervient non pas au moment de la commission des faits mais à celle du jugement relatif à ces faits.

4. Les cas traités par les tribunaux pénaux internationaux portent notamment sur l'âge des accusés au moment de leur procès, mais pas seulement. Je vous propose de passer en revue successivement et par ordre chronologique les décisions rendues par le TMI de Nuremberg concernant Gustav Krupp, en 1945 (1), par le TPIY dans l'affaire Pavle Strugar, en 2004 (2), par les CETC, dans les affaires Ieng Thirit et Nuon Chea, en 2011 et 2013 (3), enfin par le MICT dans l'affaire Félicien Kabuga, toujours en cours (4), pour en tirer quelques conclusions quant au jugement des personnes atteintes de troubles mentaux en lien avec la notion des intérêts de la justice.

I- Le précédent Gustav Krupp à Nuremberg (1945)

5. Gustav Krupp est issu d'une famille de diplomates allemands, né à La Haye, le 7 août 1870, décédé le 16 janvier 1950. Il épouse d'abord la carrière diplomatique, puis, en 1906, l'unique héritière du groupe industriel Krupp, fondé en 1811 par Friedrich Krupp, dont il prend alors la direction, qu'il assumera jusqu'à la fin de l'année 1943. A cette date, atteint par plusieurs attaques cérébrales, il en remet la direction à son fils aîné, Elfried. Le groupe Krupp a massivement participé au développement des capacités militaires du Troisième Reich et employé, entre 1940 et 1945, environ 100'000 travailleurs forcés ou internés dans les camps de concentration.

6. Le 8 septembre 1945, Me Theodor Klefisch, son avocat, a fait valoir que son état de santé ne lui permettait pas de comparaître, en raison de ses graves infirmités physiques et mentales.[311] Un premier certificat médical retenait un « ramollissement artériosclérotique progressif du cerveau », avec pour conséquence qu'il « est incapable de se présenter à un procès ou d'être soumis à un interrogatoire. »[312] Un second confirmait que « Le pronostic de l'état de santé est définitivement défavorable et aucune amélioration n'est à attendre. Herr Von Bohlen n'est en aucun cas apte ou capable d'être interrogé. »[313] L'expert diligenté par le Tribunal aboutit à la même conclusion.[314] Fort de cet état de fait, l'avocat invoquait l'article 12 du Statut du TMI pour souligner que celui-ci donnait au Tribunal la compétence de « juger en son

---

[311] TMI Nuremberg, *Motion on Behalf of Gustav Krupp Von Bohlen for postponement of the trial as to him, Nuremberg, 4 November 1945*, original en anglais, notre traduction, *The Avalon Project, Nuremberg Trial Proceedings Vol. 1*, https://avalon.law.yale.edu/imt/v1-09.asp#att1.

[312] TMI Nuremberg, Certificat médical du Dr Karl Gersdorf, Werfen, du 8 septembre 1945, original en anglais, notre traduction, *The Avalon Project, ibid.*

[313] TMI Nuremberg, Certificat médical du Prof. Otto Gerke, Bad Gastein, du 13 septembre 1945, original en anglais, notre traduction, *The Avalon Project, Nuremberg Trial Proceedings Vol. 1*, https://avalon.law.yale.edu/imt/v1-07.asp#att2.

[314] TMI Nuremberg, Rapport médical du Capt. MC Paul F. Chesnut, *Surgeon, Headquarters 42d Division Artillery, APO 411 US ARMY*, du 20 octobre 1945, *par. 4. Impression and Prognosis*, original en anglais, notre traduction, *The Avalon Project, ibid.*

absence tout accusé ayant à répondre des crimes prévus par l'article 6 du présent Statut, soit que cet accusé n'ait pu être découvert, soit que le Tribunal l'estime nécessaire pour toute autre raison dans l'intérêt de la justice »[315]. Toutefois, il rejetait cette solution :

> « Quelle que soit la signification de l'expression « dans l'intérêt de la justice », il ne serait pas objectivement juste de juger un prévenu accusé de crimes aussi graves s'il n'a pas été informé du contenu des accusations ou s'il n'a pas eu la possibilité d'assurer sa propre défense ou de mandater un avocat. En particulier, il n'est pas en mesure de comprendre les droits de l'accusé énoncés dans la Charte. »[316]

7. Dans leur réponse, les États-Unis tentèrent tout d'abord d'expliquer que l'intérêt public exigeait que Gustav Krupp fût excusé seulement dans la situation où un autre représentant des intérêts de la société Krupp lui aurait été substitué. Robert H. Jackson faisait ainsi valoir :

> « Bien entendu, un procès par contumace dans les circonstances de l'espèce est une procédure peu satisfaisante, tant pour l'accusation que pour la défense. Mais la

[315] Statut du TMI de Nuremberg, *in* Nations Unies, Le Statut et le jugement du Tribunal de Nuremberg, Historique et analyse (Mémorandum du Secrétaire général), A/CN.4/5, du 3 mars 1949, pp. 99 et suivantes, p. 102, https://www.un.org/fr/genocideprevention/documents/A_CN.4_5-FR.pdf

[316] TMI Nuremberg, *Motion on Behalf of Gustav Krupp Von Bohlen for postponement of the trial as to him, Nuremberg, 4 November 1945*, original en anglais, notre traduction, *The Avalon Project, op. cit.*, https://avalon.law.yale.edu/imt/v1-09.asp#att1.

demande que Krupp von Bohlen ne soit ni traduit en justice ni jugé en son absence est fondée sur l'affirmation que « l'intérêt de la justice » exige qu'il soit ainsi soustrait à toute forme de procès. Les intérêts publics, qui transcendent toutes les considérations privées, exigent que Krupp von Bohlen ne soit pas renvoyé à moins qu'un autre représentant des intérêts Krupp dans le domaine de l'armement et des munitions ne lui soit substitué. (…)
Si l'on exclut Krupp von Bohlen de cette affaire sans lui substituer Alfried, c'est toute la famille Krupp qui est exclue de l'affaire et tout jugement effectif contre les fabricants d'armement allemands est annulé. La question de savoir si cela est « dans l'intérêt de la justice » ressortira de l'exposé suivant des éléments de preuve les plus significatifs actuellement en possession des États-Unis concernant les activités de Krupp von Bohlen, auxquelles son fils, Alfried, a toujours participé, tout comme d'autres associés, dans les vastes entreprises d'armement, qui complotaient toutes pour provoquer la Seconde Guerre mondiale et pour aider à la mener de manière impitoyable et illégale. »[317]

---

[317] TMI Nuremberg, *Answer for the United States to the motion filed in behalf of Krupp von Bohlen*, du 12 novembre 1945, original en anglais, notre traduction, *The Avalon Project, op. cit.*, https://avalon.law.yale.edu/imt/v1-11.asp.

8. Le même jour, Hartley Shawcross soumettait à son tour ses observations sur la question. Plus concis, il insistait sur la nécessité de maintenir Gustav Krupp au nombre des accusés, estimant tout d'abord que, dans un cas normal, il ne serait certes pas souhaitable qu'un accusé fût jugé alors qu'il n'est pas capable de comprendre les accusations portées contre lui, mais que les circonstances exceptionnelles du cas d'espèce l'exigeaient. Il ajoutait que, s'il était incapable de participer lui-même à sa défense, il existait de multiples autres sources d'informations au sein du groupe Krupp qui pussent être à même de renseigner la défense de manière appropriée.[318] La France faisait valoir qu'elle appuyait le rejet de la motion de la défense :

> « Le procès d'un vieil homme sur le point de mourir et qui ne comparaît pas devant le Tribunal est difficile en soi.
> La France préférerait substituer son fils contre lequel pèsent de lourdes charges.
> (...)
> C'est à notre avis le moindre des deux maux. »[319]

Le lendemain, la France soumettait un complément d'observation, renversant sa position pour affirmer cette fois clairement que le procès contre Gustav Krupp était

[318] TMI Nuremberg, *Memorandum of the British prosecution on the motion on behalf of defendant Gustav Krupp von Bohlen, British War Crimes Executive (E.S.)*, du 12 novembre 1945, original en anglais, notre traduction, *The Avalon Project, op. cit.*, https://avalon.law.yale.edu/imt/v1-11.asp.

[319] TMI Nuremberg, *Memorandum of the French prosecution on the motion on behalf of defendant Gustav Krupp von Bohlen*, du 13 novembre 1945, original en anglais, notre traduction, *The Avalon Project, op. cit.*, https://avalon.law.yale.edu/imt/v1-13.asp.

impossible et revenant sur la substitution du père par le fils.[320]

9. Le 15 novembre 1945, le Tribunal rendait une ordonnance par laquelle, sans motivation particulière, il admettait la demande de la défense, faisait droit à la demande de report du procès le concernant et ordonnait que les charges contenues contre lui fussent maintenues au rôle du Tribunal pour être jugées ultérieurement, si l'état physique et mental de l'accusé devait le permettre.[321] Finalement, le procès Krupp a été mené devant le Tribunal de Nuremberg au nombre des douze autres procès qui suivirent celui des grands criminels de guerre.[322]

II- L'Affaire Pavle Strugar devant le TPIY (2004)

10. Pavle Strugar, né le 13 juillet 1933 et décédé le 12 décembre 2018, était un général du Monténégro au sein de l'armée populaire yougoslave (JNA), qui a été condamné pour crimes de guerre par le TPIY pour son rôle dans le siège de Dubrovnik.

---

[320] TMI Nuremberg, *Supplemental memorandum of the French prosecution*, du 14 novembre 1945, original en anglais, notre traduction, *The Avalon Project, op. cit.*, https://avalon.law.yale.edu/imt/v1-14.asp.

[321] TMI Nuremberg, *Order of the Tribunal granting postponement of proceedings against Gustav Krupp von Bohlen*, du 15 novembre 1945, *The Avalon Project, op. cit.*, https://avalon.law.yale.edu/imt/v1-15.asp.

[322] Voir Kim C. Priemel & Alexa Stiller (Hg.), NMT, *Die Nürnberger Militärtribunale zwischen Geschichte, Gerechtigkeit und Rechtschöpfung*, Hamburger Edition HIS Verlagsges. mbH, Hamburg, 2013 ; Philippe Valode, Les 12 procès oubliés de Nuremberg (1946-1949), Plongée dans l'impossible dénazification de l'Allemagne, Editions du Rocher, Monaco, 2023.

11. Cette affaire forme le précédent auquel les décisions suivantes se réfèrent régulièrement. Elle a ceci de particulier que la question de l'aptitude de l'accusé à comparaître n'a été soulevée qu'au cours des débats devant la Chambre de première instance, qui soulignait que, lorsque l'accusé avait fait connaître sa position concernant les chefs d'accusation retenus contre lui, la question de son aptitude à être jugé n'avait pas été soulevée et que ce n'était que plus tard que la défense avait demandé qu'il subît un examen médical visant à l'établir.[323]

12. Ce qui fait surtout de cette décision un précédent tient dans les critères élaborés pour déterminer si un accusé est ou non apte à participer à son procès. Après avoir noté que la requête de la défense ne se fondait sur aucune disposition du Statut ou du Règlement de procédure et de preuve et qu'il n'existait de surcroît aucun fondement juridique explicite en la matière dans la jurisprudence du Tribunal à cette date, la Chambre retint que les parties s'entendaient sur le point que, si l'accusé devait être reconnu inapte à participer à son procès, il conviendrait alors de mettre fin à la procédure. En l'absence de règle spécifique, la Chambre se fondait alors sur les droits de la défense, en retenant que « Leur exercice présuppose, semble-t-il, que l'accusé dispose d'un certain degré de capacité mentale et physique » (par. 21). La Chambre doit en effet, à l'ouverture du procès, confirmer que l'accusé a compris le contenu de l'acte d'accusation, ce qui « présuppose que tout accusé doit être à même de comprendre le contenu de l'acte d'accusation dressé contre lui » (par. 22). Elle développait le raisonnement suivant :

---

[323] TPIY, Affaire Le Procureur c/ Pavle Strugar, n° IT-01-42-T, Chambre de première instance II, Décision relative à la requête de la défense demandant à ce qu'il soit mis fin à la procédure, du 26 mai 2004, §2, https://www.icty.org/x/cases/strugar/tdec/fr/040526-2.htm.

« 22. L'exercice des droits de l'accusé à se défendre lui-même et à interroger des témoins semble exiger, entre autres, que ce dernier ait la capacité de :

- comprendre l'objectif de la procédure, y compris ses conséquences,
- comprendre le déroulement de la procédure, y compris la nature et la portée de son plaidoyer,
- comprendre la nature des éléments de preuve présentés, et
- témoigner (s'il choisit de le faire).

La possibilité de mettre à la disposition de l'accusé un conseil chargé de l'assister dans sa défense est l'une des caractéristiques des procès engagés devant le Tribunal. Cette possibilité peut assurément permettre à l'accusé de traiter de manière plus adaptée chacun des points énoncés ci-dessus et, le cas échéant, de compenser autant que de besoin les lacunes éventuelles. Le recours à un conseil nécessite toutefois que l'accusé ait la capacité de pouvoir fournir à ce dernier des instructions suffisantes et pertinentes. (...) La Chambre de première instance fait observer que cette analyse n'est peut-être pas exhaustive mais qu'elle suffit aux fins de la présente décision.

23. Compte tenu de la nature même de ces droits, leur exercice effectif peut être entravé, voire rendu impossible, si les capacités mentales et physiques de l'accusé, notamment sa capacité de

> comprendre la procédure, c'est-à-dire d'en saisir la portée, sont diminuées du fait de troubles mentaux ou somatiques. »

13. Quant au fond, la Chambre, estimait que « la condition relative à la présence de l'accusé tient, semble-t-il, à la capacité de ce dernier d'assister le Tribunal par la présentation de sa défense » (par. 32), pour en tirer les conséquences suivantes :

> « 35. De l'avis de la Chambre de première instance, la présence d'un trouble mental n'est pas une condition nécessaire pour conclure qu'une personne est inapte à être jugée. (...). La Chambre considère que la question n'est pas de savoir si l'accusé présente des troubles particuliers ; une meilleure démarche consiste à déterminer s'il est capable d'exercer efficacement ses droits dans le cadre de la procédure engagée contre lui.
>
> 36. De l'avis de la Chambre (...) la bonne marche à suivre pour déterminer si un accusé est apte à être jugé consiste à évaluer son aptitude à exercer ses droits exprès et implicites tels que définis plus haut dans le présent exposé des motifs. Une telle démarche donnera son plein effet au Statut, et le résultat ne sera pas contraire à la théorie largement dominante dans les juridictions nationales. Les capacités définies sont, en bref, les suivantes :
>
> - celle d'introduire un plaidoyer,
> - celle de comprendre la nature des accusations portées,

- celle de comprendre le déroulement du procès,
- celle de comprendre les éléments de preuve dans le détail,
- celle de donner des instructions à un avocat,
- celle de comprendre les conséquences du procès, et
- celle de faire une déposition.

Comme il a été indiqué plus haut, la Chambre de première instance ne considérerait pas nécessairement cette liste de capacités comme exhaustive, mais elle est suffisante au regard des questions soulevées en l'espèce. (...)

37. De toute évidence, les capacités définies sont difficiles à apprécier de manière objective. En particulier, il est malaisé de fixer une limite au-delà de laquelle un accusé est considéré comme apte à être jugé et en deçà de laquelle il ne l'est pas. La mise à disposition d'une assistance pour une ou plusieurs capacités, par exemple celle d'un conseil, rend toute évaluation objective encore plus complexe. Malgré ces difficultés, une telle évaluation est nécessaire. La Chambre de première instance relève en outre que, en soi, les capacités définies varient considérablement d'une personne à l'autre selon leur nature et en dehors de l'influence de tout trouble physique ou mental. Il serait tout à fait inopportun, injustifié et contraire à l'application du droit international pénal d'exiger que

> chacune de ses capacités soit présente à son niveau théorique le plus élevé, ou au niveau le plus élevé jamais atteint par un accusé au regard de chaque capacité. Au contraire, ce qu'il faut exiger dans l'application du droit pénal, comme l'établit la jurisprudence de nombreux pays, c'est un niveau *minimal* de capacité générale en dessous duquel l'accusé ne peut être jugé sans qu'il soit victime d'une iniquité ou d'une injustice. Dans le contexte du Statut du Tribunal, on peut affirmer que le niveau est atteint lorsque l'accusé possède ces capacités, considérées dans leur ensemble, d'une manière raisonnable et sensée, à un degré qui lui permette de prendre part aux débats (en se faisant assister dans certains cas) et d'exercer suffisamment les droits définis, c'est-à-dire d'assurer sa défense. »

La Chambre établit encore qu'il revient à la défense d'apporter la preuve que l'accusé est inapte à être jugé mais que le niveau de preuve requis est seulement celui de l'hypothèse la plus probable (par. 38).

14. La Chambre retenait en définitive :

> « À chaque occasion, les commentaires de l'accusé sont apparus à la Chambre comme particulièrement posés, pertinents, complets et bien structurés. (...) À plusieurs reprises, l'accusé a paru préoccupé par certains aspects d'un témoignage ou de la procédure, si bien qu'il les a évoqués avec

ses conseils, parfois très énergiquement. Il a pris des notes pendant les débats. Il a toujours réagi avec à-propos aux aspects favorables et défavorables des témoignages, même s'il restait généralement très maître de ses réactions. L'accusé s'est bien comporté tout au long du procès. Nous prenons acte de ces éléments en constatant que le comportement de l'accusé au cours du procès n'a donné à la Chambre aucune raison d'hésiter à adopter l'opinion formulée par les experts de l'Accusation, à savoir que l'accusé est apte à être jugé. » (par. 51)

III- Les décisions des Chambres extraordinaires au sein des tribunaux cambodgiens (2011 et 2013)

15. Le 9 octobre 2011, un groupe d'experts mandatés par la Chambre de première instance des CETC déposait un rapport pour déterminer la capacité de Ieng Thirit à être jugée. Née le 10 mars 1932 et décédée le 22 août 2015, elle était l'une des dirigeantes du Kampuchea démocratique ; épouse de Ieng Sary, elle était également la belle-sœur de Pol Pot.

16. L'anamnèse menée par les experts relevait tout d'abord les difficultés de la patiente à se souvenir d'éléments de sa vie et relatait ensuite les divers examens médicaux auxquels elle avait été soumise à partir de 2006, qui, tous, montraient des pathologies diverses.[324] Après la

[324] CETC, Chambre de première instance, Affaire Le Procureur c. Ieng Thirit, 002/19-09-2007/ECCC/TC, Rapport d'expertise préparé

description des tests effectués, ils posaient le diagnostic clinique de démence, tout en excluant toute autre pathologie mentale (par. 27). Concernant un possible diagnostic d'Alzheimer, ils notaient en particulier que les activités limitées et sous surveillance qu'imposait sa détention constituaient des contraintes posées à son environnement qui limitaient les possibilités d'évaluation concernant la progression de la maladie (par. 36).

17. Dans leur analyse des capacités de Ieng Thirith à participer à la procédure, qu'ils reprenaient telles qu'elles avaient été déterminées dans l'affaire Strugar, les experts en relativisaient la portée en relevant que les Chambres spéciales des tribunaux de district de Dili, au Timor oriental, dans une affaire Nahak, avaient retenu comme critère d'aptitude minimum qu'un accusé fût capable de collaborer avec son conseil, de lui donner des informations sur les faits de l'affaire et de participer à la préparation de sa défense.[325]

18. Quant à son aptitude à comprendre les éléments de preuve dans les détails, les experts notaient que sa mémoire concernant la fin des années 1970 et ses activités durant cette période était altérée, que cela compliquait toute évaluation de cette aptitude, que « de nombreux accusés de crimes graves disent souffrir d'une amnésie couvrant les crimes allégués, mais cela ne les empêche pas de participer

---

conformément à l'ordonnance de la Chambre portant désignation d'experts, Document n° E11, en date du 23 août 2011, du 9 octobre 2011, §24,

https://www.eccc.gov.kh/sites/default/files/documents/courtdoc/E111_8_FR.PDF

325 Voir Chambres spéciales des tribunaux de district de Dili, *Deputy General Prosecutor for Serious Crimes v. Josep Nahak, Case N°* 01A/2004, du 1er mars 2005, Doc. n° E111/3.1.1, §131.

au procès dans la mesure où ils comprennent les éléments de preuve dans leurs détails. » (par. 44) Abordant la question de savoir si elle disposait de l'aptitude à donner des instructions à ses avocats, les experts retenaient avoir eu l'impression qu'elle était capable de collaborer avec eux, dont elle disait qu'ils essayaient de l'aider. Ils admettaient son aptitude à témoigner, comprise comme signifiant qu'elle pouvait comprendre les questions qui lui étaient posées en audience, se concentrer sur les réponses et exprimer son point de vue de manière intelligible (par. 47). Répondant à une question spécifique de la défense, les experts notaient qu'à leur connaissance il n'existait aucun résultat de recherche qui permettrait de recourir à des moyens audio-visuels susceptibles d'améliorer l'aptitude à être jugé d'un accusé souffrant d'altération de ses facultés cognitives (par. 49). Ils relevaient encore l'état des recherches, en estimant qu'il n'existait alors que peu de résultats sur le lien entre la démence et l'aptitude à être jugé. Certains auteurs avaient pu établir une certaine corrélation entre l'inaptitude de patients et un diagnostic de démence et que les pertes d'orientation et de mémoires ont une corrélation extrêmement étroite avec la démence mais il ne s'agissait là que de corrélations statistiques (par. 50).

19. Dans une réponse typique des expertises judiciaires, ils renvoyaient aux juges la responsabilité de trancher la question à laquelle ceux-ci leur demandaient justement de répondre :

> « Nous savons que c'est à la Chambre qu'il revient de déclarer si Ieng Thirith est apte à être jugée. A titre professionnel, notre opinion est que les éléments de cette décision s'équilibrent et que la décision finale dépendra, entre autres, du seuil fixé par la Chambre à l'aptitude de

comprendre le déroulement de la procédure (et l'aptitude associée à comprendre la procédure judiciaire). Selon nous, selon l'hypothèse la plus probable, d'après les examens que nous avons menés, elle ne comprend pas suffisamment. Ce point de vue est en partie influencé par le fait que les aptitudes de Ieng Thirith changent, ce qui est normal au regard de sa démence. (…) Nous avons présenté nos commentaires sur d'autres options possibles permettant d'améliorer son aptitude (…) et nous maintenons ce point de vue à savoir qu'elles n'amélioreront probablement pas ses facultés cognitives au point qu'elle puisse comprendre suffisamment le déroulement de la procédure. » (par. 51)

20. Dans sa décision, du 17 novembre 2011, la Chambre en arrivait à la conclusion de l'inaptitude de Ieng Thirit à être jugée.[326] Quant aux conséquences à lui attacher, elle a considéré :

> « La Chambre de première instance est consciente de la gravité des crimes qui sont reprochés à l'Accusé mais au terme de son analyse elle considère également que Ieng Thirith n'est pas en mesure d'exercer son droit, tel que consacré par le cadre juridique applicable devant les

---

[326] CETC, Chambre de première instance, Affaire Ieng Thirit, *op. cit.*, Décision relative à l'inaptitude de Ieng Thirit à être jugée, du 17 novembre 2011, https://www.eccc.gov.kh/sites/default/files/documents/courtdoc/E138_FR.PDF

> CETC, de pouvoir se défendre de façon effective. Il n'est pas dans l'intérêt de la justice de juger et de maintenir en détention un accusé qui n'a pas la capacité de comprendre le déroulement de la procédure ou de participer efficacement à sa défense. Ceci ne serait pas davantage conforme aux normes du droit international, qui s'imposent à la Chambre de première instance en application de la Loi et de l'Accord relatifs aux CETC, et qui caractérisent le droit fondamental à bénéficier d'un procès équitable lequel s'impose également à tous les tribunaux cambodgiens. » (par. 60)

21. Une divergence de vues existait entre les juges cambodgiens, qui rejetaient l'idée d'une mise en liberté immédiate de Ieng Thirith, estimant qu'elle devrait être internée dans un hôpital psychiatrique, et les juges internationaux, qui estimaient que toute décision visant à lui imposer un internement en milieu hospitalier et des soins forcés était dépourvue de base légale (par.76). La Chambre a finalement considéré « à l'unanimité que la seule mesure qu'il lui est possible d'ordonner dans ces circonstances est la mise en liberté sans condition » (par. 81).

22. Deux ans plus tard, les mêmes Chambres ont eu à se prononcer sur l'aptitude de Nuon Chea à participer à son procès. Dans une première décision, la Chambre avait estimé l'accusé apte à être jugé.[327] Toutefois, après celle-ci,

[327] CETC, Chambre de première instance, Affaire Le Procureur c. Nuon Chea, 002/19-09-2007/ECCC/TC, Décision relative à l'aptitude de Nuon Chea à être jugé et à la demande de nouvelle expertise médicale

il avait souffert de divers ennuis de santé et avait dû être hospitalisé à deux reprises. Sa seconde décision confirmait néanmoins la première.[328] La Chambre y commençait par un rappel de la procédure, mettait en évidence les premiers rapports médicaux, pour ensuite rappeler que, depuis l'ouverture du procès, l'accusé avait en général suivi les audiences du matin dans la salle d'audience et celles de l'après-midi depuis sa cellule, grâce à des moyens audiovisuels, avant de renoncer à son droit de participer à ces dernières, invoquant un certain nombre de symptômes qui ne lui permettaient plus de procéder de la sorte (par. 2-4).

23. La Chambre a ensuite, à la requête de la défense, désigné un gériatre, dont le rapport lui était soumis[329], qui avait estimé que l'accusé disposait bien des capacités nécessaires pour participer à son procès et que les aménagements dans la salle d'audience et la cellule de détention temporaire étaient adaptés à ses besoins, tout en recommandant toutefois de procéder à une nouvelle évaluation de son état de santé avant le début du procès. Ainsi, le 25 août 2011, après avoir procédé à un nouvel examen médical de l'accusé, l'expert avait-il conclu qu'il

---

présentée par la Défense, du 15 novembre 2011, Doc. n° E115/3 (« Première décision relative à l'aptitude de NUON Chea à être jugé »). https://www.eccc.gov.kh/sites/default/files/documents/courtdoc/E115_3_FR.PDF

[328] CETC, Chambre de première instance, Affaire Nuon Chea, *op. cit.*, Deuxième décision relative à l'aptitude de l'accusé Nuon Chea à être jugé, du 2 avril 2013, https://www.eccc.gov.kh/sites/default/files/documents/courtdoc/2013-04-03%2011%3A40/E256_5_FR.PDF

[329] CETC, Affaire Nuon Chea, *op. cit.*, *Geriatric Expert report of NUON Chea dated 13 June 2011 in response to Trial Chamber's Order Assigning Expert* - E6213, 13 juin 2011, Doc. N° E62/3/4, §15, cité *in* Deuxième décision relative à l'aptitude de l'accusé Nuon Chea à être jugé, du 2 avril 2013, §5.

n'y avait eu aucun changement significatif concernant ses fonctions physiques et cognitives. Toutefois, il indiquait alors que « les problèmes de santé chroniques (...) retentissent sur sa capacité à rester en position assise et à se concentrer pendant de longues périodes (...). La durée pendant laquelle il peut se concentrer est variable et peut être inférieure à une heure et demie ».[330] La Chambre a en conséquence fixé la tenue des audiences, avec des séances ne dépassant pas une heure trente pour souligner encore que les rapports hebdomadaires du suivi de l'état de santé de l'accusé démontraient la stabilité de son état. Dans une note de bas de page – qui avait sans doute l'importance pour figurer dans le corps du texte, la Chambre a relevé que « [le] droit à un procès équitable n'a de sens que si l'accusé dispose des facultés nécessaires pour en exercer les diverses composantes » (nbp 39, par. 13). A l'évidence et comme le soulignait ensuite la Chambre, « l'on ne saurait s'attendre à ce qu'un accusé représenté par un avocat ait de son dossier une compréhension comparable à celle d'un avocat qualifié et expérimenté ». En effet, « [m]ême les personnes en parfaite santé physique et mentale à qui font défaut une formation juridique et les connaissances nécessaires doivent compter, dans une large mesure, sur l'aide d'un conseil, en particulier dans des affaires comme celles portées devant les tribunaux internationaux, ou les points de fait et de droit sont d'une grande complexité ». Ce n'est évidemment pas de ce genre d'aptitude professionnelle dont il est question ici et c'est pourquoi la Chambre soulignait, à la suite des constats retenus par le TPIY dans l'affaire Strugar, que pour qu'un accusé fût déclaré apte à être jugé,

[330] CETC, Affaire Nuon Chea, *op. cit.*, *Follow up Geriatric Report Concerning Mr. NUON Chea in Accordance to Trial Chamber's Expertise Order E6213 dated 4 April 2011*, doc. n° E62/3/13, 26 août 2011, par. 9, cité *in* Deuxième décision relative à l'aptitude de l'accusé Nuon Chea à être jugé, du 2 avril 2013, §6.

il faut qu'il remplisse « des conditions minimales de compréhension générale lui permettant de participer de manière appréciable au procès, pourvu qu'il soit dûment assisté par un conseil » (par. 14).

24. Après avoir repris les constats des experts et les différents maux dont souffrait l'accusé, la Chambre en venait à la conclusion qu'il n'était pas nécessaire d'ordonner un nouvel examen, pour en conclure qu'il « est en mesure de participer de manière significative au procès, et [que] les mesures pratiques (…) sont suffisantes pour limiter les effets des problèmes médicaux dont il souffre. La Chambre déclare donc que l'Accusé est toujours apte à être jugé » (par. 27). Quant aux modalités mises en œuvre pour faciliter la participation de l'accusé à son procès, la Chambre convenait devoir déployer des efforts raisonnables pour prendre en compte ses problèmes médicaux afin de lui permettre de participer au procès, ce qu'elle avait fait par l'aménagement d'une cellule adaptée dédiée à ces fins. En conséquence, la Chambre a retenu l'aptitude de Nuon Chea à être jugé.

IV- L'Affaire Félicien Kabuga devant le MICT (2022)

25. L'Affaire Félicien Kabuga est la plus récente à nous poser la question de la capacité d'une personne à participer à son procès, en raison de son état de santé, en particulier du fait de son grand âge. Né le 1er mars 1933 (ou 1935), il est présenté comme ayant été le financier du génocide au Rwanda. Il a été arrêté en 2020 en France et remis au MICT.

26. La question de l'aptitude de Félicien Kabuga à être jugé a d'emblée été au cœur de la procédure, laquelle a fait l'objet de rapports bihebdomadaires du Chef du service médical du quartier pénitentiaire des Nations Unies. En outre, pendant la phase de mise en état de l'affaire, il a fait l'objet d'un examen complet par des experts, qui ont adressé des rapports à la Chambre de première instance. Consciente que son aptitude à être jugé pouvait évoluer avec le temps, la Chambre a toutefois mis en place un régime de suivi dans le cadre duquel un groupe de trois experts indépendants, réunissant deux experts psychiatres et un neurologue, lui adressait tous les six mois un rapport conjoint sur son aptitude à être jugé. Le 13 juin 2022, la Chambre le déclarait apte.[331]

27. L'appel interjeté par la défense contre cette décision a été rejeté dans son intégralité, le 12 août 2022, la Juge N'Gum étant partiellement en désaccord et déclarant qu'un nouveau rapport établi par un expert indépendant en neurologie eut été nécessaire pour évaluer correctement l'aptitude de Félicien Kabuga à être jugé.[332]

28. Le procès s'est ouvert le 29 septembre 2022. Pour tenir compte de son état de santé, les audiences ont été limitées à deux heures par jour, trois jours par semaine, et il lui a été permis de participer par voie de vidéoconférence depuis le quartier pénitentiaire. Le 13 février 2023, la

---

[331] Voir MICT, Affaire Kabuga, *op. cit.*, Chambre de première instance, Décision relative à l'aptitude de Félicien Kabuga à être jugé et à être transféré et détenu à Arusha, 13 juin 2022, https://ucr.irmct.org/LegalRef/CMSDocStore/Public/French/Decision/NotIndexable/MICT-13-38/MRA26739R0000659186.pdf

[332] Voir MICT, Affaire Kabuga, *op. cit.*, Chambre d'appel, Décision concernant l'appel interjeté contre la décision relative à l'aptitude de Félicien Kabuga à être jugé, du 12 août 2022, et Opinion partiellement dissidente de la Juge Aminatta Lois Runeni N'Gum, https://ucr.irmct.org/LegalRef/CMSDocStore/Public/French/Decision/NotIndexable/MICT-13-38-AR80%231/MRA26781R0000661669.pdf

Chambre de première instance a réduit la durée des audiences à 90 minutes par jour, deux fois par semaine, et ordonné qu'il participât aux débats par vidéoconférence. Le 6 mars 2023, le deuxième rapport de suivi conjoint présenté par les experts concluait à l'unanimité que son état de santé physique et ses facultés mentales s'étaient nettement dégradés depuis les examens précédents, que désormais son état de santé correspondait aux critères cliniques de la démence, et qu'il ne pouvait plus participer utilement à son procès, quelles que soient les modalités des audiences ou les dispositions prises.

29. Dans une décision, du 6 juin 2023, les juges de la Chambre de première instance du Mécanisme constataient l'inaptitude de Félicien Kabuga à être jugé, avec cependant une opinion dissidente du Juge Mustapha El Baaj.[333]

30. Dans son analyse du droit applicable, la Chambre a rappelé les critères issus de l'Affaire Strugar, y ajoutant une référence intéressante à la Convention des Nations Unies relative aux droits des personnes handicapées, retenant en particulier des directives du Comité des droits des personnes handicapées, dans lesquelles il affirmait que les déclarations d'inaptitude à suivre un procès portent atteinte aux droits énoncés dans la convention, « en ce sens qu'elles privent la personne concernée de son droit à une procédure régulière et des garanties applicables à chaque prévenu ».[334] Puis, dans son analyse de la situation, la Chambre a en particulier retenu :

---

[333] MICT, Affaire Le Procureur c. Félicien Kabuga, Affaire n° MICT-13-38-T, Chambre de première instance, Nouvelle décision relative à l'aptitude de Félicien Kabuga à être jugé, du 6 juin 2023, https://ucr.irmct.org/LegalRef/CMSDocStore/Public/French/Decision/NotIndexable/MICT-13-38/MRA26739R0000661703.pdf

[334] Voir Comité des droits des personnes handicapées, document n°A/72/55, Rapport du Comité, 13e-16e sessions, §37, annexe,

> « Les Experts conviennent que quatre facultés essentielles font défaut à Félicien Kabuga pour pouvoir participer utilement à un procès, à savoir : comprendre le déroulement du procès, comprendre les éléments de preuve, donner des instructions à son conseil et faire une déposition. (…) De l'avis unanime des Experts, ces conséquences de la démence privent Félicien Kabuga des facultés nécessaires à une participation utile à un procès. S'ajoute à cela qu'il ne retrouvera pas ces facultés parce que son état de santé se caractérise par un déclin progressif irréversible » (par. 31).

Par conséquent, la Chambre a retenu que les experts étaient d'accord pour dire que Félicien Kabuga ne pouvait pas suivre les débats ou comprendre les éléments de preuve, sauf de la façon la plus superficielle (par. 33). En conséquence, la Chambre en venait à la conclusion que « la participation à une procédure complexe, telle que le procès en l'espèce, requiert à tout le moins une mémoire qui fonctionne, notamment la capacité de conserver des informations dans le temps, ainsi que la capacité de traiter ces informations et d'exprimer un avis sur celles-ci. » Félicien Kabuga ne disposant plus de telles facultés, elle conclut à son inaptitude (par. 36).

31. La Chambre en venait ensuite – et là est la nouveauté dans la thématique qui nous occupe et la question la plus controversée en lien avec ce procès, à déterminer quelle devait être la procédure à suivre ensuite de la reconnaissance de l'inaptitude de l'accusé à être jugé. Dans son analyse, la Chambre a estimé que « la meilleure

---

Directives relatives au droit à la liberté et à la sécurité des personnes handicapées, adoptées par le Comité à sa 14e session, §§2 et 16.

façon de veiller au respect de ses droits et de réaliser les objectifs du Mécanisme est d'adopter une procédure alternative visant à dégager des conclusions s'apparentant le plus possible à un procès, mais excluant la possibilité d'une déclaration de culpabilité » ce qui « rend sa présence inutile, et il ne sera donc pas tenu d'assister aux débats » (par. 57-58).

32. L'opinion dissidente du Juge Mustapha El Baaj portait tant sur la conclusion de la Chambre quant à l'inaptitude de Félicien Kabuga à être jugé que sur le choix d'une procédure alternative qui s'ensuivit. Sur le premier point, selon lui, la défense s'était uniquement appuyée sur les éléments factuels, les certificats médicaux, sans démontrer en droit l'inaptitude. Quant à la Chambre, il lui incombait de rendre une décision judiciaire quant à l'aptitude de l'accusé à être jugé, sur le fondement des critères juridiques applicables, et non de simplement faire siennes les conclusions des experts (Op. dis. El Baaj, par. 6-7). Il jugeait les examens médicaux réalisés superficiels et incomplets (par. 9-10). S'appuyant sur la Convention relative aux droits des personnes handicapées, il était d'avis « qu'une déclaration d'inaptitude, lorsque l'accusé possède toujours la faculté d'exprimer sa volonté et ses préférences, revient en soi à refuser son humanité à une personne douée de discernement, en la réduisant à n'être qu'un objet dans la pièce » (par. 24). A l'appui de sa démonstration, il citait le Haut-Commissaire des Nations Unies aux droits de l'homme, selon lequel un tel déni de la capacité juridique « favorise [...] d'autres violations d[u] droit à un procès équitable, notamment des violations concernant la présomption d'innocence, le droit d'être entendu en personne, le droit de contester un témoignage et le droit de présenter des éléments de preuve, entre autres garanties d'une procédure régulière ».[335] Il retenait que cette interprétation s'inscrivait dans le droit fil des appels lancés par le Comité des droits des personnes handicapées visant à « éliminer ce type de déclaration [d'inaptitude] d[es] système[s] de justice pénale ».[336] Ce Comité avait aussi considéré que les « personnes handicapées responsables d'avoir commis un crime doivent être jugées conformément à la procédure pénale ordinaire, sur un pied d'égalité avec les autres, et avec les mêmes garanties, ainsi qu'avec les aménagements procéduraux spécifiques nécessaires pour garantir leur participation égale dans le système de justice pénale. »[337] Les personnes handicapées doivent en effet bénéficier de mesures appropriées, d'aménagements et de garanties pour veiller au respect de leurs droits à la capacité juridique et à l'accès effectif à la justice, ce qui a également été affirmé par le Groupe de travail sur la détention arbitraire.[338]

---

[335] Voir Conseil des droits de l'homme des Nations Unies, Droit d'accès à la justice au titre de l'article 13 de la Convention relative aux droits des personnes handicapées – Rapport du Haut-Commissaire des Nations Unies aux droits de l'homme, 27 décembre 2017 (A/HRC/37/25), §64, cité *in* MICT, Affaire Kabuga, *op. cit.*, Chambre de première instance, Nouvelle décision relative à l'aptitude de Félicien Kabuga à être jugé, du 6 juin 2023, opinion dissidente du Juge El Baaj, §25, nbp 88.

[336] Voir Directives sur l'article 14 de la Convention, §16. Voir aussi, par exemple, Comité des droits des personnes handicapées, Observations finales concernant le rapport de la Hongrie valant 2e et 3e rapports périodiques, 20 mai 2022 (CRPD/C/HUN/CO/2-3), par. 25 a), cité *in* MICT, Affaire Kabuga, *op. cit.*, opinion dissidente du Juge El Baaj, §25, nbp 89.

[337] Comité des droits des personnes handicapées, Observations finales concernant le rapport initial de la Belgique, 28 octobre 2014 (CRPD/C/BEL/CO/1), §28.

[338] Voir Groupe de travail des Nations Unies sur la détention arbitraire, Rapport du Groupe de travail sur la détention arbitraire – Principes de base et lignes directrices des Nations Unies sur les voies et procédures

33. Le 7 août 2023, la Chambre d'appel du Mécanisme admettait partiellement l'appel de la défense, rejetait l'idée d'une procédure alternative et estimait que la libération de l'accusé s'imposait.[339]

34. Le 8 septembre 2023, la Chambre de première instance du Mécanisme prononçait donc la suspension *sine die* de la procédure et disait que « Félicien Kabuga restera en détention au quartier pénitentiaire, en attendant le règlement de la question de sa mise en liberté provisoire ».[340]

Conclusion

35. En conclusion, les délais parfois très longs entre le moment des faits et le procès, le temps très lent du procès pénal international et le caractère imprescriptible des crimes entrant dans la compétence matérielle des juridictions pénales internationales ne peuvent que mener à la récurrence de la question de savoir comment traiter le cas des personnes dont l'aptitude à être jugée est contestée, en particulier face au grand âge.

36. La réponse à apporter place toujours – et tel est le sujet de ce colloque, la notion des intérêts de la justice au

---

permettant aux personnes privées de liberté d'introduire un recours devant un tribunal, du 6 juillet 2015 (A/HRC/30/37), §107 b).

339 MICT, Affaire Kabuga, *op. cit.*, Chambre d'Appel, Décision relative aux appels visant la nouvelle décision relative à l'aptitude de Félicien Kabuga à être jugé, du 7 août 2023, §§72-76, https://ucr.irmct.org/LegalRef/CMSDocStore/Public/French/Decision/NotIndexable/MICT-13-38-AR80%233/MRA26879R0000661963.pdf

340 MICT, Affaire Kabuga, *op. cit.*, Chambre de première instance, Décision portant suspension sine die de la procédure, du 8 septembre 2023, p. 7.

centre du raisonnement, plus ou moins explicitement. Dès Nuremberg, tant l'avocat de Gustav Krupp que les procureurs en soulignaient l'importance. Il y avait là premièrement l'idée claire que l'on ne pouvait mener devant le tribunal une personne dont l'état de santé la rendait inapte à être jugée, qu'il y aurait eu là quelque indécence que l'on ne voulait pas se permettre, mais aussi des circonstances exceptionnelles du fait de l'ampleur des exactions commises par l'Allemagne nazie qui exigeaient néanmoins, déjà, une forme de procédure alternative, que les procureurs espéraient trouver dans la substitution du fils à son père.

37. Le vrai précédent néanmoins – aucune des décisions que nous avons analysées ci-dessus ne faisant jamais référence à l'affaire Krupp, est celui tranché par le TPIY dans l'affaire Strugar, qui pose tout d'abord que, comme à Nuremberg quelque cinquante ans plus tôt, toutes les parties s'entendaient sur le point que, si l'accusé devait être reconnu inapte à participer à son procès, il convenait alors de mettre fin à la procédure. En fondant sa décision sur les droits de la défense, dont l'exercice, selon la formule du Tribunal, « présuppose, semble-t-il, que l'accusé dispose d'un certain degré de capacité mentale et physique », le TPIY a le mérite de poser clairement que la présence d'un trouble mental n'est pas une condition nécessaire pour conclure qu'une personne est inapte à être jugée, l'aptitude à être jugé étant une question qui ne se limite pas seulement à établir si un trouble donné est présent, une meilleure démarche devant consister à déterminer si elle est capable d'exercer efficacement ses droits dans le cadre de la procédure engagée contre elle. Le Tribunal pose là ce qu'il considère, et avec lui ensuite toutes les autres juridictions qui ont eu à connaître de la question, la bonne marche à suivre pour déterminer si un accusé est apte à être jugé, qui consiste à évaluer son aptitude à exercer ses droits exprès et implicites tels que définis dans les règles du procès équitable. Le constat du Tribunal, selon lequel « [de] toute évidence, les capacités définies sont difficiles à apprécier de manière objective » et qu'il est en particulier, « malaisé de fixer une limite au-delà de laquelle un accusé est considéré comme apte à être jugé et en deçà de laquelle il ne l'est pas » se retrouve dans les analyses de toutes les décisions postérieures. Dans le contexte des juridictions pénales internationales, l'on peut désormais affirmer avec ce précédent, que le niveau est atteint lorsque l'accusé possède ces capacités, considérées dans leur ensemble, d'une manière raisonnable et sensée, à un degré qui lui permette de prendre part aux débats (en se faisant assister dans certains cas) et d'exercer suffisamment les droits de la défense. Il revient à la défense d'apporter la preuve, au niveau de l'hypothèse la plus probable, que l'accusé est inapte à être jugé.

38. L'inaptitude à être jugée de Ieng Thirit met en exergue que la question ne se pose pas uniquement au plan médical mais que tout dépend du seuil que les juges entendent appliquer. Si ces derniers devaient estimer adéquat de retenir un faible seuil d'aptitude, alors la réponse pourrait être positive et tout revient en définitive à l'idée que les juges se font de l'équité de la procédure et des éventuels intérêts de la justice à poursuivre malgré tout une personne diminuée dans ses capacités cognitives. Les références auxquelles les experts ont eu recours démontrent également qu'il n'existe pas de seuil déterminable une fois pour toute entre l'aptitude et l'inaptitude à être jugé, ce qui induit que, face à la même personne dans le même état de santé, certains juges pourraient décider de son aptitude et d'autres de son inaptitude.

L'affaire Kabuga nous place face à l'évolution du droit en la matière et appelle au débat la Convention relative aux droits des personnes handicapées, mais c'est l'opinion dissidente du Juge El Baaj, avant la décision de la Chambre d'appel, qui emporte la conviction, en particulier sur le rejet de toute procédure alternative et par voie de conséquence la nécessaire remise en liberté de l'accusé inapte à être jugé. L'incapacité du Mécanisme à trouver un Etat qui accepterait sur son territoire l'accusé inapte libéré rejoue un drame connu, qui a touché depuis près de trente ans les personnes acquittées par le TPIR comme celles qui, condamnées, avaient exécuté la totalité de leur peine. Les intérêts de la justice ne sauraient imposer leur maintien en détention. Les Etats qui font ainsi indûment obstacle à la libération des acquittés comme des condamnés ayant purgé leur peine ou des accusés inaptes à être jugés manquent à leurs obligations, maintenant loin hélas la justice pénale internationale des plus hauts standards que, par ailleurs, ils revendiquent.

L'ÉVOLUTION DES FORMES DE RÉPONSE PÉNALE EN MATIÈRE DÉLICTUELLE : INTÉRÊTS DE LA JUSTICE V. INTÉRÊTS DES JUSTICIABLES ?

AURÉLIE BERGEAUD-WETTERWALD
Professeur à l'Université de Bordeaux

1. Pour le processualiste, la notion d'« intérêts de la justice » n'est pas d'emblée très signifiante même si l'on comprend aisément les idées qu'elle sous-tend. En tant que telle, l'expression est très peu employée, que ce soit par les textes ou la jurisprudence. En matière procédurale, lorsque la Cour de cassation s'y réfère, c'est uniquement pour citer les dispositions de l'article 6 de la Convention européenne des droits de l'homme qui prévoit, en son paragraphe 1, une possible dérogation au principe de publicité des débats si cette publicité risque, au vu de circonstances spéciales, de « porter atteinte aux intérêts de la justice »[341]. Ce même article 6 indique par ailleurs, en son paragraphe 3, qu'en matière pénale, l'accusé n'ayant pas les moyens de rémunérer un défenseur, doit pouvoir être assisté gratuitement par un avocat d'office, lorsque « les intérêts de la justice l'exigent ». La notion d'« intérêts des justiciables » n'est guère plus familière puisqu'en droit processuel on s'intéresse aux droits des justiciables ou aux garanties offertes aux justiciables, le terme « justiciables » employé au pluriel désignant l'ensemble des personnes qui

[341] V. également à propos du huis-clos, l'article 14§1 du Pacte international relatif aux droits civils et politiques.

relèvent de la justice d'un Etat[342]. Ces droits et garanties renvoient notamment à ceux du procès équitable.
Un premier constat tiré précisément de l'article 6 de la Convention européenne des droits de l'homme est donc que les droits procéduraux des justiciables peuvent être affectés ou au contraire renforcés par référence aux intérêts de la justice. S'il existe bien une interférence, il n'est cependant pas possible de tenir pour synonyme « droits » et « intérêts » des justiciables. En se limitant à la matière pénale, toute partie à une procédure pénale, qu'elle soit mise en cause ou victime, a vocation à jouir des mêmes droits. Les « intérêts des justiciables » constituent en revanche un standard plus général et ne sont pas nécessairement les mêmes selon la position occupée au sein de la procédure. Mettre en balance les notions d'intérêts de la justice et d'intérêts des justiciables pouvait donc apparaître *a priori* comme une sorte d'équation à deux inconnues.

2. Il fallait accepter cette part d'inconnu et d'incertitude initiale pour traiter le sujet selon un angle cette fois-ci bien connu à savoir : l'évolution des formes de réponse pénale en matière délictuelle. La notion de réponse pénale, plus politique que juridique, désigne la proportion des infractions à laquelle la justice donne une suite. Quelle suite ? Il y a longtemps que l'on sait que le procès pénal, avec débats en audience publique devant une juridiction de jugement, n'est pas l'unique réponse à la commission d'un délit. Elle est même devenue une réponse quantitativement minoritaire, l'audience collégiale ne se retrouvant plus que pour les délits jugés en comparution immédiate et les délits les plus graves. Outre l'élargissement constant du champ

---

342 Vocabulaire juridique, par. G. Cornu, Assoc. H. Capitant, « Justiciable », sens 2, 11e éd., PUF.

d'intervention du juge unique, en première instance[343] comme au stade de l'appel[344], dans une logique de rationalisation des moyens, c'est surtout la diversification des formes de traitement des délits sur les 25 dernières années qui est remarquable.

Cette diversification passe d'abord par le développement des alternatives aux poursuites et l'évolution du rôle du parquet qui se voit confier un pouvoir de sanction autonome[345], devenant ainsi un quasi-juge[346]. Cette troisième voie est largement utilisée en pratique puisqu'elle concerne environ 45 % des affaires poursuivables[347]. Mais encore faut-il distinguer en son sein, la composition pénale[348] et la convention judiciaire d'intérêt public[349], au regard de leurs conditions particulières de mise en œuvre et de leurs effets. Parmi les modes de poursuites, il faut également constater le développement de la comparution sur reconnaissance préalable de culpabilité (CRPC) mais aussi de la procédure simplifiée de l'ordonnance pénale délictuelle qui permet de rendre une décision sans audience et sans débat contradictoire. Les ordonnances de CRPC et les ordonnances pénales sont en hausse constante sur les dix dernières années, représentant à elles deux plus de la moitié des décisions rendues au sein des tribunaux correctionnels[350]. Il faut citer enfin le développement de

---

343 CPP, art. 398-1.

344 CPP, art. 510.

345 Rapport du comité des Etats généraux de la justice, Rendre Justice aux citoyens, avr. 2022, p. 55.

346 J.-Ch. Saint-Pau, Le ministère public concurrence-t-il le juge du siège ?, Dr. pénal 2007. Étude 14.

347 Cf. Rapport du groupe de travail sur la simplification de la procédure pénale, Etats généraux de la justice, 2022 (notamment proposition n° 5).

348 CPP, art. 41-2.

349 CPP, art. 41-1-2 (délinquance économique et financière) et 41-1-3 (délinquance environnementale).

350 Cf. Les chiffres clés de la justice, 2023, Ministère de la Justice.

l'amende forfaitaire délictuelle notamment depuis la loi de programmation du 23 mars 2019 qui marque encore davantage le recul de l'office du juge dans le traitement des délits.

3. L'évolution des formes de réponse pénale repose sur des justifications multiples, à la fois politiques et conjoncturelles. D'un point de vue politique, il s'agit de répondre à une demande sociale croissante en matière de sécurité en prônant la systématisation de la réponse pénale pour toute affaire poursuivable. En 25 ans, le taux de réponse pénale a ainsi considérablement augmenté, passant de 67% en 2000 à 89% en 2023[351]. Sur le plan conjoncturel, cette réponse s'inscrit dans un contexte de crise chronique de la justice et d'un manque de moyens qui conditionnent les formes d'intervention.
La justice pénale est désormais guidée par un triple objectif d'effectivité, d'efficacité et d'efficience[352] : effectivité par la systématisation de la réponse ; efficacité par le choix de sanctions adaptées et exécutées ; efficience par un emploi rationnalisé des ressources et la recherche d'un meilleur rendement. On pourrait alors voir dans ce triptyque une forme de synthèse des intérêts de la justice comprise à la fois dans un sens institutionnel et fonctionnel.

4. Cependant, notre système de justice pénale ne repose pas uniquement sur un modèle punitif visant à sanctionner l'auteur d'une infraction. D'autres logiques sont à l'œuvre : réhabilitation, réparation, responsabilisation et désormais, restauration[353]. Ces fonctions sont directement tournées vers les justiciables eux-mêmes, qu'il s'agisse du mis en

---

351 Ibid.

352 V. Gautron et J.N. Retière, Le traitement pénal aujourd'hui : juger ou gérer ?, Droit et Société 2014, p. 579.

353 Ibid.

cause ou de la victime. Les intérêts de la justice viennent donc croiser ceux des justiciables. Cette idée d'une convergence des intérêts peut d'ailleurs sembler parfaitement logique, tant d'un point de vue axiologique - idéal recherché d'une justice humaniste - qu'institutionnel puisque la justice est un service public. En tant que tel, il apparait en effet que l'institution judiciaire ne peut avoir d'intérêts propres distincts des intérêts des usagers.
Pourtant, les évolutions récentes de la justice pénale conduisent parfois à douter de cette convergence naturelle, spécialement lorsque l'on s'intéresse aux transformations du traitement des délits. A rebours des intuitions premières, il convient alors de se demander si les intérêts de la justice peuvent parfois s'éloigner, voire s'opposer aux intérêts des justiciables. L'équation ainsi posée n'a sans doute pas un seul et même résultat.

5. D'emblée, la nuance est de mise d'autant que la juxtaposition des pluriels accroit les difficultés. Les intérêts de la justice sont-ils eux-mêmes convergents et compatibles entre eux ? Quant aux intérêts des justiciables, l'appréciation – qui ne peut d'ailleurs être qu'abstraite et globale – dépend nécessairement du statut occupé, selon que le justiciable est auteur ou victime de l'infraction. Enfin, les nouvelles formes de réponse pénale ne répondent pas toutes aux mêmes enjeux. Certaines obéissent à une logique plutôt qualitative de recherche d'une réponse adaptée et acceptée, alors que d'autres s'inscrivent clairement dans une logique quantitative de systématisation et de standardisation de la répression. C'est sur la base de cette distinction qu'il est possible d'apprécier les liens qu'entretiennent les intérêts de la justice et ceux des justiciables : si la logique transactionnelle de la réponse pénale favorise la convergence de ces intérêts, une logique de standardisation révèle au contraire une certaine divergence (II).

I- Une logique transactionnelle de la réponse pénale en faveur d'une convergence des intérêts

6. De manière classique, le pouvoir de punir reconnu à l'Etat s'exprime à travers le prononcé d'une peine, nécessairement individualisée et décidée par le juge à l'issue d'un procès qui vient ritualiser cette puissance étatique[354]. Les nouvelles formes de réponse pénale fondées sur une logique transactionnelle se singularisent puisque, d'une part, la sanction n'est pas imposée à l'auteur des faits mais acceptée par lui (A) et que, d'autre part, le rituel judiciaire est écarté (B). Il s'agit donc d'analyser cette double métamorphose au regard des intérêts en présence.

A) L'évolution de la dimension de la réponse pénale

7. Si l'on hiérarchise les justifications du développement des alternatives aux poursuites et de la CRPC, on peut sans doute mettre en première place la recherche de rapidité et d'efficacité de la réponse pénale. Rapidité, car le point commun de ces procédures est d'éviter l'audience correctionnelle et donc les contraintes fortes liées aux capacités d'audiencement au sein des tribunaux. La célérité de la réponse pénale sert évidemment les intérêts de la justice en termes de délai de traitement et de mobilisation des moyens, mais aussi ceux des justiciables si l'on admet qu'il n'est jamais satisfaisant, ni pour l'auteur, ni pour la victime, d'attendre plusieurs mois

---

354 A. Bergeaud-Wetterwald, La justice peut-elle se passer du juge ?, Mélanges en l'honneur de J.M. Trigeaud, éd. Bière, 2020, p. 488.

le prononcé d'une décision qui perd alors une partie de son sens.
Cette rapidité ne prive toutefois pas la réponse apportée de son caractère punitif. La composition pénale est généralement présentée comme une alternative à finalité punitive. La plupart des « mesures » envisagées s'apparentent à de véritables peines tant dans leur nature que dans leurs effets : une composition pénale exécutée éteint l'action publique et est inscrite au casier judiciaire[355].
Le constat est sensiblement le même pour les obligations imposées dans le cadre d'une convention judiciaire d'intérêt public (CJIP) et notamment l'amende d'intérêt public qui s'apparente à une peine d'amende. Le régime de la CJIP présente toutefois des particularités qui peuvent la rendre, en un certain sens, attractive pour les personnes morales mises en cause. Il faut se rappeler en effet que la création de la CJIP par la loi du 9 décembre 2016 dite Sapin 2 visait à remédier à la faible répression des actes de grande délinquance économique et financière notamment lorsqu'ils sont reprochés à des entreprises de dimension internationale. Le législateur a introduit une réponse pénale adaptée via des mesures qui se veulent dissuasives tout en préservant l'image et l'avenir économique de l'entreprise. Le dispositif permet en effet aux personnes morales de conclure une forme de transaction avec le parquet sans reconnaissance nécessaire d'une participation aux faits[356]. La bonne exécution des obligations entraîne l'extinction de l'action publique, sans toutefois que la convention ne soit inscrite au casier judiciaire. Par ailleurs, l'article 41-1-2 du

---

[355] CPP, art. 41-2.

[356] Condition non exigée par l'article 41-1-2 CPP, une reconnaissance des faits par la personne morale constitue néanmoins une « indication de coopération et de rémission susceptible de justifier une minoration du montant de l'amende » (Lignes directrices sur la mise en œuvre de la CJIP, Parquet National Financier, 16 janv. 2023, p. 12).

CPP pénale précise que l'ordonnance de validation de la convention n'emporte pas déclaration de culpabilité et n'a ni la nature ni les effets d'un jugement de condamnation. Par conséquent, elle n'entraîne pas l'exclusion de la personne morale des marchés publics nationaux.

8. Il faut constater par ailleurs que si ces alternatives servent une finalité répressive, elles ont également une dimension réparatrice. C'est le cas par exemple avec la CJIP lorsqu'elle se traduit par la soumission à un programme de mise en conformité.

Plus globalement, les intérêts de la victime sont préservés – du moins en théorie – puisqu'elle est informée du recours à ces procédures et peut être entendue lors de l'audience de validation. Dans le cadre d'une CJIP, la convention peut prévoir le montant et les modalités de la réparation des dommages causés à la victime qui, au vu de l'ordonnance de validation, peut recourir si besoin à la procédure civile d'injonction de payer pour en obtenir le recouvrement. Dans le cadre d'une composition pénale, cette voie procédurale lui est également offerte si l'auteur des faits s'est engagé à lui verser des dommages et intérêts. A défaut et pour faciliter son indemnisation, elle peut toujours demander au procureur de la République de citer l'auteur des faits à une audience devant le tribunal pour lui permettre de se constituer partie civile. Le tribunal, composé d'un juge unique, ne statue alors que sur les seuls intérêts civils. Des dispositions similaires sont prévues dans le cadre d'une CRPC[357] : la victime est informée sans délai de la procédure et invitée à comparaitre à l'audience d'homologation pour se constituer partie civile et demander réparation. En l'absence de constitution, le parquet l'informe de son droit de lui demander de citer l'auteur des faits à une audience sur intérêts civils.

[357] CPP. art. 495-13.

9. Conformément aux intérêts de la justice, l'efficacité de la réponse apportée est également à mettre au crédit de la logique transactionnelle qui est plus ou moins à l'œuvre du fait de l'acceptation nécessaire de la mesure ou de la peine par l'auteur des faits. Alors que le jugement s'impose à l'auteur des faits, tous les processus étudiés reposent sur une adhésion de cet auteur.
Beaucoup ont souligné à ce titre un phénomène de « contractualisation » de la justice pénale[358], ce qui peut être discuté sauf à admettre que ces modèles s'apparentent à des contrats d'adhésion[359]. Il n'en demeure pas moins vrai que la recherche d'un accord favorise nécessairement l'adaptation de la réponse et que l'obtention de cet accord peut être un facteur de bonne exécution. L'impact sur la prévention de la récidive est en revanche beaucoup plus difficile à évaluer.
Il faut tout de même reconnaitre une convergence sur ce point des intérêts de la justice et du mis en cause qui, s'il reconnait les faits, doit considérer, en conscience, les avantages d'une voie transactionnelle : une réponse moins sévère que la peine encourue en cas de poursuites et l'éviction de l'aléa judiciaire. Le code de procédure pénale prévoit d'ailleurs que le recours à la CRPC peut se faire sur demande de l'intéressé ou de son avocat[360], possibilité largement étendue par la loi du 22 décembre 2021 pour la confiance dans l'institution judiciaire. Désormais, la personne poursuivie par le biais d'une citation directe, d'une COPJ, d'une convocation par procès-verbal ou d'une

---

[358] V. notamment, X. Pin, La privatisation du procès pénal, RSC 2002, p. 246 - F. Debove, La contractualisation du procès pénal, Droit et économie juin 2005, n° 94, p. 22.

[359] B. de Lamy, La loi n° 2004-204 du 9 mars 2004 portant adaptation de la justice aux évolutions de la criminalité, D. 2004, p. 1910.

[360] CPP, art. 495-7.

ordonnance de renvoi pour l'un des délits entrant dans le champ d'application de la CRPC, peut, soit elle-même, soit par l'intermédiaire de son avocat, indiquer au procureur qu'elle reconnaît les faits qui lui sont reprochés et demander l'application de la procédure de CRPC, le procureur de la République restant toutefois libre d'apprécier l'opportunité d'une telle demande[361].

10. Si l'on comprend que les logiques de rapidité et d'efficacité sont à l'œuvre pour poser une réponse adaptée, il faut tout de même se demander si le processus qui conduit à cette réponse préserve les garanties fondamentales de bonne justice et offre aux justiciables des garanties suffisantes.

B) La transformation du rituel judiciaire

11. Lorsqu'elle est définie par sa fonction, la justice est intimement liée à l'acte de juger, à l'équité procédurale et au rituel judiciaire de l'audience.
Les formes de réponse pénale qui relèvent d'une logique transactionnelle marginalisent nécessairement l'intervention du juge[362] en lui conférant un simple rôle de contrôle : valider la composition pénale ou la proposition de CJIP ou homologuer la peine proposée en CRPC. Cette intervention conservée du juge est destinée à répondre aux exigences du Conseil constitutionnel qui, en 1995, avait censuré la procédure d'injonction pénale parce qu'elle ne comportait pas un tel contrôle et laissait entièrement à l'autorité de poursuites le soin de prononcer des mesures

---

[361] CPP, art. 495-15.

[362] V. notamment, A. Cisse, Justice transactionnelle et justice pénale, RSC 2001, p. 509 qui parle d'une « véritable abdication du juge ».

qui s'apparentaient à des peines[363]. L'argument n'est toutefois plus totalement décisif puisque depuis 2019, la validation de la composition pénale par le juge du siège n'est plus exigée pour les délits les moins graves lorsque la réponse est de nature pécuniaire[364], ce que les Sages ont estimé conforme aux exigences constitutionnelles au terme d'une motivation très succincte[365].

12. Restreindre l'office du juge c'est aussi restreindre la place de l'audience et du rituel qui l'accompagne. Les procédures transactionnelles – et c'est précisément la cause de leur attractivité – font l'économie d'une audience, ou du moins d'une audience de jugement sur la culpabilité. Or, sur ce point, il n'est pas d'emblée évident que les intérêts des justiciables soient préservés. Il faut d'ailleurs rappeler que pour le Conseil constitutionnel, l'audience est envisagée comme une garantie des droits fondamentaux du procès[366] en ce qu'elle favorise l'exercice des droits de la défense et plus largement, la mise en œuvre des principes rattachés au droit à un procès équitable. Certes, dans les procédures transactionnelles, il existe bien une audience, de validation ou d'homologation, dont les protagonistes (auteur des faits et victime) sont informés et qui se tient de manière publique[367]. Cependant, le maintien de l'audience est ici

---

[363] Cons. const. 2 févr. 1995, n° 95-360 DC.

[364] La proposition de composition n'est pas soumise à validation pour les contraventions et les délits punis d'une peine d'emprisonnement d'une durée inférieure ou égale à trois ans, lorsque la mesure est une amende de composition n'excédant pas 3 000 euros ou le dessaisissement d'une chose d'un montant inférieur à 3 000 euros

[365] Cons. const. 21 mars 2019, n° 2019-778 DC, §269 et 270.

[366] Cons. const., 19 nov. 2020, n° 2020-866 QPC, §14 : « l'organisation d'une audience devant ces juridictions est une garantie légale des exigences constitutionnelles des droits de la défense et du droit à un procès équitable ».

[367] Cette publicité constitue une exigence constitutionnelle qui avait conduit le Conseil constitutionnel à censurer le texte initial de l'article

assez formel car rien ne s'y joue vraiment : il n'y a pas de débat sur la culpabilité et l'on ne retrouve pas la solennité d'une audience correctionnelle. Est-ce contraire aux intérêts des justiciables ? Pas forcément.

13. D'une part, il faut reconnaitre qu'une audience est utile pour les justiciables si chacun comprend ce qui s'y joue et la peine qui peut être prononcée à l'issue. Or, la dimension pédagogique traditionnellement associée à l'audience est sérieusement relativisée en matière correctionnelle où les audiences, de plus en plus surchargées et de plus en plus tardives, sont soumises à des rythmes contraints[368]. Par ailleurs, la solennité du rituel judiciaire et la technicité du jargon juridique peuvent être des freins à la bonne compréhension des justiciables. Nombreux sont les magistrats qui reconnaissent qu'en sortie d'audience correctionnelle, les prévenus n'ont pas forcément compris la sanction prononcée et le rôle des différents acteurs.

D'autre part, dans le schéma des procédures transactionnelles, le débat n'est pas totalement absent. Il se tient sous une autre forme et se déplace en amont de l'audience, de manière déritualisée, devant une autorité qui n'est pas un juge, avec l'assistance facultative, voire obligatoire en CRPC, de l'avocat. Pour les magistrats, c'est précisément cette « déritualisation »[369] qui confère à la

495-9 du Code de procédure pénale qui prévoyait une homologation de la CRPC « en chambre du conseil » (Cons. const. 2 mars 2004, n° 2004-492 DC).

[368] Critiques notamment portées par la « Tribune des 3000 » publiée dans le journal Le Monde le 23 novembre 2021 : « Nous ne voulons plus d'une justice qui n'écoute pas, qui raisonne uniquement en chiffres, qui chronomètre tout ».

[369] J. Danet, Quel rituel judiciaire ?, Les cahiers de la justice 2013, p. 67. L'auteur interroge cette déritualisation, estimant que les nouveaux modes de traitement des délits ne se traduisent pas par un déclin du

CRPC tout son intérêt. En CRPC, l'échange est direct et peut être nourri. A l'audience, le ministère public s'adresse au tribunal, prend ses réquisitions mais n'échange pas avec le mis en cause. Dans le bureau du parquetier, le rituel est totalement différent. Le magistrat peut par ailleurs adapter son discours, tenter de trouver la peine la plus adaptée et expliquer les modalités de celle-ci pour favoriser son exécution.
Dans le cadre d'une composition pénale, si la mesure proposée émane toujours du procureur de la République, l'échange se fait généralement avec son délégué. Ce dernier va prendre le temps de l'écoute et de l'explication : vérification de la reconnaissance et débats sur les faits, explication de la mesure, de ses conditions d'exécution et des conséquences qui en découlent.
L'absence de rituel judiciaire et l'absence d'audience n'empêchent donc pas l'échange et la pédagogie. Ces temps, distincts de l'audience, peuvent satisfaire les attentes et les intérêts des justiciables en leur donnant le sentiment d'avoir été véritablement écoutés par l'autorité judiciaire. Les intérêts de la justice pénale convergent alors avec ceux des justiciables.

14. Il faut tout de même émettre ici une réserve car ces procédés ne permettent pas réellement l'écoute de tous les justiciables eu égard à la place limitée qui est réservée à la victime. Si son droit à réparation est préservé[370], il n'en va pas de même de son droit d'être entendue, écoutée et de participer aux débats. Dans ces temps d'échanges hors audience il n'y a aucune place pour la victime. Quant à l'audience de validation ou d'homologation, à supposer que la victime y soit présente, elle ne lui permettra pas de

---

rituel judiciaire mais par une rupture de l'unité de ce rituel et partant de nouvelles formes de rituels.

[370] *Supra* n° 8.

participer à un débat sur le fond. Dans ces conditions, il est difficile de dire que les intérêts de la victime sont satisfaits. C'est le signe que tous les intérêts ne peuvent être convergents. Et ce constat est encore plus vrai lorsque l'on s'intéresse aux formes de réponses pénales qui relèvent d'une logique de standardisation.

II- Une logique de standardisation de la réponse pénale révélatrice d'une divergence des intérêts

15. L'accent sera mis ici sur deux formes de réponse pénale développées en matière délictuelle et qui constituent des réponses communément qualifiées de dégradées. L'une fait l'économie de l'audience et du débat contradictoire, le juge statuant sur la base du dossier transmis par le parquet par le biais d'une ordonnance pénale (A). L'autre fait l'économie du juge, la sanction passant par le paiement d'une amende forfaitaire (B).

A) L'ordonnance pénale : la standardisation sans audience

16. Introduite en 1972, la procédure simplifiée de l'ordonnance pénale a longtemps été réservée au jugement des contraventions. Le tournant s'opère en 2002 lorsque le législateur l'étend aux délits routiers constitutifs d'un contentieux de masse qui encombre alors les audiences correctionnelles. Ce sont donc des considérations purement rationnelles qui ont présidé à la création de l'ordonnance pénale délictuelle : les intérêts de la justice, au sens institutionnel du terme, justifiaient que l'on fasse l'économie d'une audience pour juger rapidement cette masse de dossiers qui, du fait de leur simplicité supposée, ne nécessitent pas de débats. L'article 495 du code de

procédure pénale précise en ce sens que le recours à cette procédure simplifiée suppose que les faits soient « simples et établis », que les renseignements concernant la personnalité du prévenu soient suffisants pour déterminer la peine et qu'il n'apparaisse pas nécessaire de prononcer une peine d'emprisonnement. L'évidence justifie donc que le juge ne consacre que quelques minutes au traitement de chaque dossier, sans tenue d'une audience.
Personne n'oserait affirmer qu'il s'agit là d'une réponse de qualité. En revanche, c'est une réponse dont on s'accommode, par nécessité, et que l'on considère adaptée à une délinquance routière qui se prête aisément à l'application de barèmes et à un traitement uniformisé, automatisé, autrement dit à une pénalisation objective.

17. En admettant que, pour les raisons susvisées, cette procédure simplifiée serve les intérêts de la justice, qu'en est-il des intérêts des justiciables ? S'agissant du prévenu, il est condamné sans avoir été entendu lors d'une audience et sans avoir pu s'expliquer de manière contradictoire. Certes, il peut toujours faire opposition. Il est par ailleurs possible d'objecter qu'en matière de délinquance routière les faits (conduite sans permis, sans assurance, sous l'empire de stupéfiants…) sont au demeurant difficilement contestables. Mais quid des précisions potentiellement apportées sur une situation personnelle, celles-là mêmes qui permettent d'individualiser la peine ? L'échange, même lorsque l'infraction est simple, peut toujours être utile. Par ailleurs et surtout, la personne qui se voit infliger une amende ou une suspension de permis, peut ne pas avoir réellement conscience qu'elle vient d'être condamnée par le tribunal correctionnel alors même que cette condamnation est inscrite au casier et constitue le premier terme de la récidive.

Pour pallier cette absence d'audience, de nombreuses juridictions organisent une notification de l'ordonnance pénale en présentiel, lors de séances collectives tenues au sein de la juridiction, le plus souvent par un délégué du procureur. Celui-ci tente alors de faire œuvre de pédagogie, d'expliquer la peine prononcée et les obligations à accomplir notamment s'il s'agit d'un travail d'intérêt général. Ces séances, parfois qualifiées d'« audience de notification », n'ont cependant pas les mêmes vertus qu'une audience de jugement. Concrètement, elles permettent surtout de favoriser l'exécution de la peine lorsqu'il s'agit de s'acquitter d'une amende ou de remettre son permis de conduire, le condamné étant directement orienté vers le bureau de l'exécution des peines à l'issue de la notification. Là encore, on perçoit que les intérêts de la justice priment sur ceux des justiciables.

18. Ceci est d'autant plus préoccupant que, depuis 2002, le champ d'application de l'ordonnance pénale délictuelle n'a cessé de s'étendre et couvre désormais l'ensemble des délits pouvant être jugés à juge unique à l'exception des atteintes volontaires et involontaires à l'intégrité des personnes. La liste est longue et comprend des infractions telles que le vol, les destructions et dégradations, les violences ou les menaces… Bref, des délits qui, d'une part, n'appellent pas *a priori* une réponse standardisée et se prêtent mal à l'application de barèmes et qui, d'autre part, touchent une victime. Or là encore, quelle peut être la place de la victime dans une telle procédure ? Les textes lui en réservent une en prévoyant une possible constitution de partie civile et un jugement sur intérêts civils[371], mais en pratique la procédure parait peu adaptée. D'ailleurs, il est rare que les parquets orientent en

[371] CPP, art. 495-2-1.

ordonnance pénale les infractions avec victimes, conscients des limites de l'opportunité de cette procédure simplifiée. Il existe pourtant une forme de traitement des délits encore plus simple et encore plus dégradée, qui se passe non seulement de l'audience mais aussi du juge et donne à la réponse pénale une dimension quasi-administrative[372] : l'amende forfaitaire délictuelle (AFD). Etrangement, le code de procédure pénale la classe pourtant au sein des dispositions relatives au « jugement » des délits.

B) L'amende forfaitaire délictuelle : la standardisation sans juge

19. Comme l'ordonnance pénale, l'amende forfaitaire a longtemps été réservée aux contraventions. C'est la loi du 18 novembre 2016 de modernisation de la Justice du 21e siècle qui crée l'amende forfaitaire délictuelle en appliquant ce dispositif à deux délits routiers (conduite sans permis et conduite sans assurance). A l'époque, cette forfaitisation ne suscite pas de réelle émotion car elle concerne deux infractions de masse, sans victime et simples à établir. Surtout, cette solution est préférée à celle consistant à contraventionnaliser les deux délits, ce qui aurait pu apparaître comme un mauvais signal en matière de sécurité routière. Le législateur de 2016 a pourtant franchi une ligne considérable et les réformes ultérieures vont s'engouffrer dans la brèche pour allonger de manière très substantielle la liste des délits concernés. D'abord en 2019 avec la loi de programmation[373] dont la dimension gestionnaire était assumée puis, quatre plus tard, la LOPMI[374] dont le projet

---

[372] J. Pradel, La simplification de la procédure applicable aux contraventions, D. 1972, chron., p. 153.

[373] Loi n° 2019-222 du 23 mars 2019 de programmation 2018-2022 et de réforme pour la justice.

[374] Loi n° 2023-22 du 24 janvier 2023 d'orientation et de programmation du ministère de l'intérieur.

initial était de généraliser l'amende forfaitaire délictuelle à tous les délits punis d'un an d'emprisonnement. Très critiqué, ce projet est finalement abandonné au profit d'un allongement de la liste. Si l'attention et les débats de l'époque se sont surtout concentrés sur l'inscription de l'usage de stupéfiants au sein de cette liste, le principe même de l'application d'un traitement forfaitaire en matière délictuelle est contestable puisqu'incompatible par nature avec le principe à valeur constitutionnelle d'individualisation des peines[375]. Pourtant, lors du contrôle *a priori* de la LOPMI, le Conseil constitutionnel a estimé que, sous certaines conditions qu'il précise, « *les exigences d'une bonne administration de la justice et d'une répression effective des infractions sont susceptibles de justifier le recours à de tels modes d'extinction de l'action publique en dehors de toute décision juridictionnelle* »[376].

20. Puisqu'elle participe à une bonne administration de la justice, l'amende forfaitaire délictuelle contribue donc à servir les intérêts de la justice mais sans juge, sans procès et sans garanties pour les justiciables… Cela peut paraître difficile à comprendre, sauf à admettre que les vertus de l'amende forfaitaire délictuelle s'apprécient essentiellement, voire uniquement, à l'aune des moyens qu'elle permet d'économiser. La rationalisation des moyens devient ainsi la boussole et fait office d'argument imparable.
Cependant, la réponse ainsi donnée est-elle si « effective » ? A bien y réfléchir, le message est ambigu. Si, d'un côté, la systématisation de la répression traduit une réponse pénale plus forte, de l'autre, la déjudiciarisation

---

[375] V. la validation sous réserve opérée par le Conseil constitutionnel : Cons. const, 21 mars 2019, n° 2019-778 DC, §245 et s.
[376] Cons. const, 19 janv. 2023, n° 2022-846 DC, §139.

sous-entend que l'infraction n'est pas suffisamment importante pour qu'un juge en connaisse. On pourrait ajouter à cela le fait que le taux de recouvrement des amendes forfaitaires délictuelles est en réalité assez faible. En définitive, et malgré la position du Conseil constitutionnel, il est permis de se demander si une telle évolution sert véritablement les intérêts de la justice. Ce qui est certain c'est qu'elle ne sert en rien les intérêts des justiciables. Mais finalement, est-ce encore de la justice ?

RAPPORT DE SYNTHÈSE[377]

VALÉRIE MALABAT
Professeur à l'Université de Bordeaux

1. Cette contribution ne peut commencer sans remercier tout d'abord le professeur Farah Safi qui œuvre avec une énergie constante pour animer la recherche en droit pénal et dans son université mais aussi bien sûr les organisatrices de ce colloque, Evelyne Bonis et Barbara Drevet qui ont eu l'idée de ce beau sujet. En recevant leur invitation, passé le moment d'enthousiasme à l'idée de revenir à Clermont où l'on est toujours si bien accueilli, je m'étais dit que ce colloque serait peut-être enfin l'occasion de sortir du brouillard dans lequel m'avait laissée cette notion quand je l'avais découverte en droit pénal international.

2. Ce qui ressort en effet en premier lieu de cette journée c'est la difficulté à définir les intérêts de la justice qui ont été qualifiés par les différents intervenants de ce jour de thème flou voire énigmatique selon les mots employés par Barbara Drevet dans son ouverture du colloque, de notion cadre, notion floue, de standard… Sans doute s'agit-il là d'un défaut typiquement pénaliste mais le recours à une notion aussi indéterminée ne peut que laisser circonspect.

[377] Le ton oral de l'intervention a été conservé

Pourtant, comme cela a été évoqué par plusieurs des intervenants qui ont procédé à cette recherche minutieuse[378], la notion est utilisée par les textes : on la trouve ainsi en droit pénal international dans les statuts des différentes juridictions pénales internationales mais aussi dans des codes internes -Code de commerce et code du travail- ou encore dans le texte de la Convention. EDH[379]. Les textes, tout comme les juges ou les auteurs[380] l'emploient mais aucun ne la définit.

3. La notion est également utilisée par la jurisprudence qui ne la définit pas davantage. La notion interroge alors. Elle peut paraître antinomique comme l'évoquait Alexandre Ciaudo qui a expliqué que la notion d'intérêt qui renvoie à des problématiques personnelles -surtout sans doute quand elle est utilisée au pluriel- s'oppose par nature à celle de justice[381]. La notion d'intérêts de la justice résiste donc à l'examen et reste pour le moins floue, même après cette belle journée. Une telle indétermination était toutefois prévisible s'agissant d'un standard[382], à savoir d'une notion

---

[378] V. notamment A. Ciaudo, « Approche sémantique des intérêts de la justice », n° 3.

[379] V. sur ce point À. Bergeaud-Wetterwald, « L'évolution des formes de réponse pénale en matière délictuelle : intérêts de la justice v. intérêts de justiciables ? », n° 1.

[380] V. R. Oulion, « La construction historique pénale au défi de l'intérêt contemporain de la justice », supra, spécial. n° 9 et s, : l'auteur a en effet procédé à la recherche des emplois de l'expression y compris en doctrine et en jurisprudence et relève que la formule apparaît souvent comme « un artifice rhétorique ».

[381] V. *supra,* A. Ciaudo, préc., *spéc.* n° 4.

[382] V. S. Rials, « Les standards, notions critiques du droit », *in* Ch. Perelman et R. Van der Elst (dir.), *Les notions à contenu variable en droit*, Bruylant 1984, p. 39 et s., y présentant les idées principales de sa

qui va se préciser par l'application qu'elle va recevoir dans un contexte donné, au cas par cas.

4. Pour rendre justice à la notion, et aux interventions de cette journée qui ont pour beaucoup d'entre elles, insisté sur le fait qu'il s'agit d'une notion fonctionnelle, il m'a donc semblé plus cohérent d'inverser la démarche classique : à savoir revenir d'abord sur les fonctions attribuées à ces fameux intérêts de la justice pour pouvoir ensuite -à supposer que ce soit possible- mieux en cerner les contours.

I- Les fonctions des intérêts de la justice

5. A quoi servent les intérêts de la justice ou, plus exactement, à quoi sert la référence aux intérêts de la justice ?
A la fin de cette journée, il me semble que l'on peut soutenir que les juridictions utilisent la notion pour vérifier que la solution, la norme à appliquer est conforme aux intérêts de la justice ce qui leur permet d'asseoir la légitimité de cette solution. Derrière cette fonction générale de légitimation des intérêts de la justice, si l'on veut affiner l'analyse de l'utilisation qui est faite de cette notion, il m'a semblé -à écouter les interventions de la journée- que deux fonctions différentes en réalité se dégagent : une modulation du droit pour son adaptation d'une part et une dérogation à la mise en œuvre de la justice elle-même par une mise à l'écart du procès. Si la référence aux intérêts de la justice poursuit ainsi une fonction générale de légitimation des décisions rendues, cette utilité générale passe donc soit par une

---

thèse (*Le juge administratif français et la technique du standard. Essai sur le traitement juridictionnel de l'idée de normalité,* LGDJ, 1980).

fonction d'adaptation du droit (A), soit, plus radicalement, par une fonction d'exclusion du procès (B).

A) Une fonction d'adaptation

6. Comme tout standard, la référence aux intérêts de la justice va permettre une adaptation au cas par cas de règles, ici procédurales. C'est ainsi que par exemple le droit à l'assistance de l'avocat est imposé aux États dans la mesure de ces intérêts selon la jurisprudence de la CourEDH, que les intérêts de la justice peuvent fonder la décision du huis clos quand la publicité de l'audience peut les affecter[383] ou peuvent être invoqués pour établir la connexité et la jonction de procédures.

7. Les intérêts de la justice servent alors à la mise en balance des intérêts en cause et qui doivent être conciliés. Par exemple, Rémi Oulion évoquait la mise en balance par la jurisprudence du « droit naturel de la défense » avec « l'intérêt de la justice ». Dans cette pesée, la notion d'intérêts de la justice permet de prendre en compte les éléments concrets de la situation et donc la variété des situations pour appliquer et adapter la règle de droit et, ici, plutôt la règle de procédure. Les intérêts de la justice poursuivent alors un but d'équilibre, d'équité entre les différents intérêts en opposition dans la situation en cause. Ils servent donc aussi de ce point de vue à établir la légitimité et la crédibilité de la justice mais par la mise en balance des intérêts en jeu. Comme cela a été expliqué par Me Currat, la justice ne sortirait pas grandie d'une

---

383 V. A. Ciaudo, spéc. n° 27 et s.

procédure examinant les faits commis par une personne qui n'est pas en mesure de participer à la procédure[384]. Selon la jurisprudence des tribunaux internationaux, un tel jugement ne serait donc pas conforme aux intérêts de la justice.

8. Prise en ce sens, la fonction des intérêts de la justice peut paraître assez classique : on connaît à la fois le mécanisme de la mise en balance des intérêts en présence (surtout depuis qu'on a développé des contrôles de proportionnalité) et la technique du standard pour l'application et l'adaptation des normes. D'ailleurs, de ce point de vue, les intérêts de la justice se rapprochent en réalité d'autres standards également utilisés en procédure pénale tels le droit au procès équitable ou, plus encore en raison de sa généralité, la bonne administration de la justice[385]. Je me suis d'ailleurs demandée en vous écoutant tous aujourd'hui si, dans ce versant, les intérêts de la justice ne sont pas qu'une mise à jour, une actualisation sémantique de la bonne administration de la justice dont la formulation peut paraître vieillotte en ce que le terme « bonne » implique un jugement de valeur qui est dissimulé dans l'expression d'intérêts de la justice et qu'« Administration » n'est pas un mot qui fait rêver (on peut avoir une phobie administrative mais la phobie de la justice n'a pour l'heure jamais été invoquée). Le remplacement de la bonne administration de la justice par les intérêts de la justice se ferait alors avec les inconvénients qui s'attachent à cette modification sémantique : la nouvelle

---

[384] Ph. Currat, « Le jugement des personnes atteintes de troubles mentaux », n° 35 et s.
[385] En ce sens, par ex. A. Gogorza, *supra*, n° 3.

expression ouvre moins à discussion et relève ainsi davantage de l'argument d'autorité comme l'évoquait François Fourment[386].

9. Que l'on rapproche ou pas intérêt de la justice et bonne administration de la justice, il n'en reste pas moins que, dans cette première fonction, les intérêts de la justice permettent d'adapter les règles procédurales aux spécificités de la situation. De ce point de vue, les intérêts de la justice ne remplissent alors qu'une fonction classiquement attribuée aux standards : une fonction d'adaptation. Mais à côté de cette première fonction d'adaptation des règles, il me semble que les interventions de la journée ont permis de dégager une autre utilité, plus spécifique aux intérêts de la justice. Ceux-ci sont en effet et de manière assez paradoxale parfois invoqués pour exclure le recours au procès.

B) Une fonction d'exclusion

10. Dès ce matin Alexandre Ciaudo insistait sur la prise en compte des intérêts de la justice dans le but d'atteindre une justice transcendantale dans le but de « restreindre la mise en œuvre de la justice afin d'en préserver l'esprit et de prévenir une application mécanique de la justice, notamment pénale »[387].

---

[386] F. Fourment, « Poursuivre selon les intérêts de la justice. La prescription glissante », n° 4.
[387] V. *supra*, A. Ciaudo, n° 10.

11. C'est d'ailleurs bien dans ce but que le droit pénal international les prend en compte et Amane Gogorza a bien montré comment ces intérêts de la justice permettaient au procureur de la Cour pénale internationale, en application de l'article 53 du Statut de Rome, de ne pas engager de poursuites alors même que les conditions en étaient réunies. Il est d'ailleurs frappant de relever comme elle l'a fait que le procureur n'a pas à justifier ses poursuites sur le fondement des intérêts de la justice mais qu'il peut au contraire les invoquer pour ne pas poursuivre[388] : la fonction d'exclusion des intérêts de la justice est ainsi patente. Le paradoxe est alors que les intérêts de la justice sont soulignés pour faire obstacle à son exercice.

12. Il y a d'ailleurs ici un autre paradoxe qui est celui de permettre l'exclusion de la justice institutionnelle pour les crimes les plus graves : c'est ainsi admettre que pour ces crimes les plus graves, l'intérêt de la justice conduit à ne pas l'exercer ! C'est aussi souligner la différence entre la justice institutionnelle et l'idéal de justice (ou entre la justice et la Justice), la première devant parfois être écartée pour atteindre le second. Amane Gogorza a d'ailleurs bien souligné qu'en droit pénal international les intérêts de la justice doivent conduire à la restauration de la paix[389] et sont ainsi particulièrement en cause lorsqu'il est fait référence à la justice restauratrice ou à la justice

---

[388] A. Gogorza, n°7

[389] Comme la justice des premiers siècles capétiens, évoquée par Rémi Oulion comme vouée à réduire les atteintes à la paix. V. *supra*, R. Oulion, « La construction historique pénale au défi de l'intérêt contemporain de la justice », spéc. n° 2 et s.

transitionnelle c'est-à-dire des formes de justice s'éloignant de la justice institutionnelle et qui doivent être préférées lorsque les intérêts de la Justice (au sens de justice idéale) le commandent. La fonction d'exclusion trouverait donc significativement sa place en droit pénal international.

13. Pourtant, cette fonction d'exclusion d'une justice institutionnelle ou en tout cas de formes classiques de la justice institutionnelles se retrouve également dans des formes moins graves de délinquance et par exemple avec le développement des formes de réponses pénales exposé par Aurélie Bergeaud-Wetterwald. Le développement des alternatives aux poursuites peut en effet paraître répondre aux intérêts de la justice : c'est alors encore une fois considérer que les intérêts de la justice justifient que l'on exclue les poursuites, comme en Droit pénal international, mais cette fois-ci pour leur préférer une autre forme de réponse. En ce domaine, si la fonction des intérêts de la justice est identique en ce qu'elle conduit à une exclusion de la justice institutionnelle, la logique et les objectifs de leur utilisation sont bien différents. L'objectif n'est en effet pas le rétablissement de la paix mais la mise en place d'une logique managériale : le traitement hors juridiction est en effet principalement choisi pour de questions de coût, de rapidité[390]. Les intérêts de la justice doivent alors conduire à écarter le procès classique pour ces faits dans l'objectif de garantir la rapidité et l'effectivité de la réponse pénale. A défaut de ces alternatives en effet, la justice serait dans

---

[390] A. Bergeaud-Wetterwald, (supra, n° 5) plus nuancée, considère que certaines formes de réponse pénale répondent à « une logique qualitative de recherche d'une réponse adaptée et acceptée ».

l'incapacité de pouvoir réagir à chacun des actes accomplis qui sont répréhensibles et l'on peut ainsi rattacher la diversification des formes de réponse pénale aux intérêts de la justice, confiés là aussi au procureur qui décidera d'y recourir ou pas.

14. Ayant ainsi identifié les fonctions des intérêts de la justice, et malgré cette présentation sommaire, on perçoit tout de suite les dangers potentiels de leur utilisation : ils servent à mettre de la souplesse, à adapter voire écarter les mécanismes procéduraux prévus par la loi. Or, les processualistes et les pénalistes qui partagent en principe un certain goût pour la certitude et la prévisibilité du droit ne peuvent pas être tout à fait à l'aise avec cette notion… Pour éviter tout glissement dangereux dans son utilisation, il faudrait pouvoir encadrer le recours aux intérêts de la justice. Par exemple s'agissant de la fonction d'exclusion, il faudrait préciser non pas la fonction d'exclusion (générale) mais son but. Seule la légitimité de ce but devrait ainsi pouvoir conduire à la mise à l'écart de la justice institutionnelle. Seule la légitimité de ce but permettrait en effet de vérifier qu'il s'agit bien, par l'invocation des intérêts de la justice, de faire prévaloir la Justice idéale sur la justice institutionnelle. Mais encore faut-il pouvoir déterminer avec un minimum de précision le contenu de ces intérêts de la justice pour pouvoir apprécier la légitimité de ce but. A défaut leur utilisation verserait en effet dans l'argument d'autorité comme l'évoquait François Fourment en réaction à certaines des interventions de la matinée. C'est dire que la fonction (générale) de légitimation des intérêts de la justice ne peut être correctement remplie que si les contours de la notion ne sont pas trop indéterminés.

II- La notion d'intérêts de la justice

15. Selon une méthode classique et progressive, on peut tenter d'abord de dire ce qu'ils ne sont pas (définition négative) avant de tenter de préciser ce qu'ils sont (définition positive).

A) La définition négative des intérêts de la justice

16. Si l'on veut tenter de préciser ce que sont les intérêts de la justice en relevant d'abord ce qu'ils ne sont pas, il paraît en premier lieu assez évident que les intérêts de la justice ne sont pas les intérêts du justiciable. Audrey Darsonville l'a bien montré en évoquant la centralisation de la procédure en matière de crimes sériels et/ou non élucidés au tribunal correctionnel de Nanterre du fait de la création d'un pôle spécialisé dans ce tribunal ce qui ne va pas dans le sens de l'intérêt des victimes qui se voient imposer la compétence d'un tribunal qui peut être éloigné d'elles au moins sur un plan géographique[391].

17. Pourtant, on peut avoir du mal à opposer systématiquement intérêts de la justice et intérêts du justiciable. Par exemple, Aurélie Bergeaud-Wetterwald à propos de l'évolution des formes de réponse pénale en matière délictuelle, a expliqué qu'elle avait du mal à concevoir que les intérêts de la justice puissent être

---

[391] A. Darsonville, n° 15.

contraires aux intérêts des justiciables du moins dans une vision globale[392].

La prise en compte des intérêts de la justice semble d'ailleurs parfois même se faire par la prise en compte de l'intérêt de l'une ou l'autre partie, qu'il s'agisse de l'intérêt de la personne poursuivie[393] ou de l'intérêt de la victime (par exemple en ce dernier cas pour limiter la publicité de la justice en décidant du huis clos). Si les intérêts de la justice ne sont pas ceux du justiciable, il n'y a donc pas non plus d'opposition systématique entre eux. Il n'en reste pas moins que les intérêts de la justice, dans tous les cas, dépassent ceux du justiciable ne serait-ce que parce que la justice ne peut se fonder sur les intérêts d'une seule partie. Les intérêts de la justice pourraient alors être envisagés comme permettant justement de peser les intérêts antagonistes des parties au procès, de dépasser la prise en compte du seul intérêt particulier et ponctuel d'un justiciable pour concilier les intérêts en présence et viser de manière plus fondamentale l'intérêt de la Justice.

18. Puisque les intérêts de la justice ne peuvent se ramener à un intérêt individuel, la question se pose alors de déterminer s'ils relèvent de l'intérêt général ou de l'intérêt public, comme permet de le souligner l'intervention d'Evan Raschel quant à la conciliation de l'intérêt de la presse avec les intérêts de la justice[394]. Il a en effet bien montré que ces intérêts (ceux de la justice et ceux de la presse) pouvaient être en opposition alors même qu'ils poursuivent tous deux

---

[392] A. Bergeaud-Wetterwald, *supra*, spécial. n° 4 à 14.

[393] V. par ex. sur la prise en compte de l'intérêt de la personne accusée atteinte d'un trouble mental, *supra*, Ph. Currat.

[394] V. également l'intervention d'A. Darsonville, spéc. n° 25 évoquant la divergence entre intérêts privés et publics ou général à propos de la prescription.

un intérêt général : ainsi, la liberté de la presse poursuit l'intérêt général de l'information du public qui se trouve parfois en opposition avec les intérêts de la justice qui peut imposer le secret de certains éléments de procédure[395].

19. Qu'il s'agisse donc d'intérêt particulier ou d'intérêt général, les intérêts de la justice les dépassent et s'en distinguent. Il est toutefois ici important de préciser que les intérêts de la justice ne consistent pas dans le succès de la demande, de l'action. En matière pénale par exemple, les intérêts de la justice ne sauraient être limités au seul intérêt qu'il peut y avoir à la répression. Certes, cet intérêt répressif peut entrer en conflit avec des intérêts particuliers : Audrey Darsonville l'a bien montré en expliquant que la mise en place du pôle spécialisé pour les crimes sériels et/ou non élucidés soulève désormais des questions quant à la défense des intérêts privés. François Fourment a aussi soulevé cette même question de la poursuite de l'intérêt répressif de la justice pénale qui conduit à repousser l'extinction de l'action publique liée à la prescription pour montrer que l'écoulement du temps affecte la finalité même de l'action publique[396]. Il semble en réalité que, c'est non pas la prise en compte du seul intérêt répressif, mais la conciliation entre cet intérêt et les droits des particuliers (ou leurs intérêts) qui va permettre de satisfaire à l'intérêt de la justice équitable… On en revient ainsi à cette idée que les intérêts de la justice dépassent les intérêts particuliers ou l'intérêt général pour les concilier.

---

[395] E. Raschel, « Les intérêts de la justice face à ceux de la presse », spéc. n° 3 et s.
[396] F. Fourment, n° 9 et s.

20. Mais si l'on peut souligner que les intérêts de la justice ne sont ni les intérêts du justiciable, ni l'intérêt public ou général ni l'intérêt répressif, cela ne dit toujours rien de ce que sont positivement ces intérêts de la justice.

B) La définition positive des intérêts de la justice

21. Un tel intitulé est alléchant à l'issue de cette journée et au moment où l'on se dit que l'on va enfin savoir de quoi il a été question toute la journée et bien non. Pourtant la tentative de définition annoncée restera vraisemblablement une tentative manquée, voire une tentative impossible.
Mais tentons quand même cette définition positive des intérêts de la justice. Partant de l'expression elle-même, on peut déjà souligner à la suite de François Fourment que l'expression qui emploie un pluriel (« les intérêts ») et un singulier (« la justice ») doit déjà conduire à préciser de quels intérêts et de quelle justice il est question.

22. D'abord, et s'agissant de la désignation de ces intérêts au pluriel, ce pluriel ne semble pas permanent ni essentiel puisqu'il a été relevé que l'expression est parfois utilisée au singulier (l'intérêt de la justice) sans que l'on puisse en déduire de conséquence précise[397]. Sur le fond en revanche, et pour donner un contenu positif à la notion d'intérêts de la justice, il semble, assez logiquement s'agissant d'une notion fonctionnelle, que la notion dépende de la fonction et amène donc à revenir sur les deux fonctions identifiées précédemment.

---

[397] En ce sens, v. notamment A. Gogorza, n° 4.

23. Si l'on est dans la fonction d'adaptation de la norme au cas concret, dans la recherche d'équilibre entre les intérêts en présence, alors plusieurs intérêts concrets peuvent être pris en compte pour arriver à une justice équitable. Il est alors fort difficile alors de déterminer les intérêts de la justice autrement que par ce résultat auquel ils doivent tendre : l'équité. Si l'on n'est plus alors sur l'argument d'autorité[398] mais sur l'argument d'équité, on reste malgré tout dans un flou total et sans doute inévitable sur la notion même d'intérêts de la justice. On est en effet, comme le relevait Audrey Darsonville au sujet des crimes sériels et/ou non élucidés, plus sur un conglomérat d'intérêts convergents[399] que sur une liste d'intérêts précis dans lesquels on pourrait piocher pour préciser le contenu de la notion. C'est donc ici l'équité qui transcende les intérêts en cause en ce que ces intérêts sont pluriels et que c'est leur conciliation qui permet d'arriver à une règle équitable, à une solution équitable conforme à l'idéal de Justice. Les intérêts de la justice ne sont donc pas ces intérêts à concilier (celui de la victime, du défendeur, de l'Administration de la justice), mais bien la conciliation même qui s'opère entre eux pour arriver à une justice équitable. En réalité, pour préciser le contenu des intérêts de la justice tels qu'ils sont pris en compte dans cette première fonction il semble donc que ce sont moins les intérêts que l'on doit définir que la justice que leur prise en

---

[398] F. Fourment,

[399] A. Darsonville, « Poursuivre selon les intérêts de la justice : la création d'une procédure pénale spéciale dédiée aux "cold cases" », n° 3.

compte permet, à savoir une justice équitable qui reste une justice institutionnelle.

24. La situation est donc bien différente de ce que l'on peut relever pour la seconde fonction identifiée. Lorsqu'ils remplissent en effet une fonction d'exclusion, ces intérêts sont directement liés à l'idéal de Justice : ils permettent de prendre en compte la situation particulière en cause pour considérer qu'un intérêt supérieur à la justice institutionnelle doit l'emporter pour l'écarter. En droit pénal international, ces intérêts sont ainsi la paix, la restauration du vivre ensemble[400], à savoir un intérêt nécessairement transcendantal et plutôt singulier même si, dans son application, la juridiction pourra faire référence à plusieurs éléments tels que la gravité des faits, le nombre de victimes, la situation politique, etc. En réalité, ces éléments pluriels ne sont là que pour vérifier que l'idéal de Justice commande autre chose que la mise en œuvre de la justice institutionnelle. Pour le dire autrement, ici aussi, les intérêts de la justice ne peuvent pas être définis par référence aux intérêts concrètement pris en compte qui sont aussi nombreux que variés mais par leur objectif : la réalisation d'un idéal de Justice qui passe cette fois par la mise à l'écart de l'institution de justice.

25. On n'est sans doute pas beaucoup plus avancé sur le contenu de cette notion qui relève soit de l'équité soit de l'idéal de justice. Ainsi définie, la notion emporte nécessairement l'adhésion. Mais, pour cette raison même,

---

[400] A. Gogorza, n° 17 et s.

c'est aussi une notion qui doit faire peur parce qu'elle offre un pouvoir important (souvent au procureur) dans l'orientation de la procédure ou parce qu'elle offre une grande souplesse dans l'adaptation des normes nécessairement au détriment de la prévisibilité des solutions qui est pourtant l'un des éléments qui permettent l'acceptation de la décision et qui servent aussi en ce sens les intérêts de la justice. Deux observations -véritablement- conclusives peuvent alors être formulées. La première plaide pour la nécessité d'un contrôle sur l'application de ces intérêts de la justice pour vérifier que leur prise en compte poursuit bien l'objectif d'une justice équitable ou d'une justice idéale et en encadrer ainsi l'application. La seconde, plus réflexive, pour souligner que l'intérêt de la notion est sans doute -du point de vue de la recherche- de pousser à une réflexion sur la justice elle-même et la question de savoir si la (petite) justice institutionnelle est la forme de (grande) Justice la mieux adaptée aux enjeux contemporains. Elle permet de suggérer que la justice a peut-être trop longtemps été vue à travers la seule procédure (la forme, sœur jumelle de la liberté[401]) et qu'il ne faut pas oublier l'objectif plus lointain et plus idéal de la justice[402].

---

[401] Ihering, *L'esprit du droit romain,* Paris, 3e éd., 1886-1888, t. III, p. 158.

[402] Cette idée de limitation du formalisme procédural a déjà été exprimée en procédure civile (v. par ex. C. Parodi, « L'esprit général et les innovations du Nouveau Code de procédure civile », *Defrénois*, 1976, art 311120, p. 737) mais est moins fréquente en matière pénale.

TABLE DES MATIÈRES

Structures éditoriales du groupe L'Harmattan

L'Harmattan Italie
Via degli Artisti, 15
10124 Torino
harmattan.italia@gmail.com

L'Harmattan Hongrie
Kossuth l. u. 14-16.
1053 Budapest
harmattan@harmattan.hu

L'Harmattan Sénégal
10 VDN SICAP AMITIE 3
BP 45034 Dakar-Fann
direction@senharmattan.com

L'Harmattan Cameroun
Tsinga/Derrière polyclinique FECAFOOT
BP 11486 Yaoundé
Jacques.koukam@harmattan.fr

L'Harmattan Burkina Faso
Villa 281, secteur 23 623, rue 14.32
Ouagadougou
zagbie@outlook.fr

L'Harmattan Guinée
Almamya, rue KA 028 OKB Agency
BP 3470 Conakry
harmattanguinee@yahoo.fr

L'Harmattan RDC
185, avenue Nyangwe
Commune de Lingwala – Kinshasa
matangilamusadila@yahoo.fr

L'Harmattan Congo
219, avenue Nelson Mandela
BP 2874 Brazzaville
deunovmikhael@gmail.com

L'Harmattan Mali
Immeuble Mgr Jean Marie Cissé
Aci Hamadallaye
BP 145 Bamako
syllaka@yahoo.fr

L'Harmattan Togo
Djidjole – Maison Amela
face EPP BATOME
02 BP 20680 Lomé
didieramela11@gmail.com

L'Harmattan Côte d'Ivoire
Résidence Karl – Cité des Arts
Abidjan-Cocody
03 BP 1588 Abidjan
harmattan.ivoire@gmail.com

L'Harmattan Bénin
Rue 604, (Immeuble à l'entrée
de la rue UCAO- Cite de Saint-Jean)
Cotonou
stepcorpus@gmail.com

Nos librairies en France

Librairie internationale
16, rue des Écoles
75005 Paris
librairie.internationale@harmattan.fr
01 40 46 79 11
www.librairieharmattan.com

Librairie des savoirs
21, rue des Écoles
75005 Paris
librairie.sh@harmattan.fr
01 46 34 13 71
www.librairieharmattansh.com

www.ingramcontent.com/pod-product-compliance
Lightning Source LLC
LaVergne TN
LVHW010936061026
849535LV00007B/2426